DEVOCIONARIO CATOLICO

Publicación pastoral redentorista

ONE LIGUORI DRIVE · LIGUORI MO 63057-9999

Richard Thibodeau, C.Ss.R.
Provincial de la Provincia de Denver
Los Redentoristas

Imprimátur:
Rev. Michael J. Sheridan
Obispo auxiliar de la Arquidiócesis de St. Louis

ISBN 978-0-7648-0399-4
Número de catálogo en la Biblioteca del Congreso:
98-67858

© 1999, Liguori Publications
Impreso en los Estados Unidos
17 16 15 14 13 / 9 8 7 6 5

Para pedidos, llame al 800-325-9521
www.liguori.org

Diseño de la portada: Myra Roth

Indice

ESCRITURA 28

DEVOCIONES 31

Oracion para los difuntos • Oracion para antes y despues de la comida • Oracion para despues de comulgar • Oracion a Cristo crucificado • Alma de Cristo • Visitas al Santisimo por san Alfonso • Comunion espiritual • Como prepararse para la Hora Santa antes del Santisimo Sacramento • Oracion al Sagrado Corazon de Jesus • Sugerencias para la oracion de san Alfonso • Oraciones a los santos • Novena a san Judas Tadeo • Oracion a san Antonio de Padua • Plegaria a san Felipe de Jesus • Oraciones a san Gerardo • Oracion a san Jose • Oracion al Angel de la Guarda • Oracion a san Juan Bosco • Oracion a san Miguel • Oracion a santa Lucia • Oracion a san Peregrino • Oracion a san Alfonso • Oracion a santa Rosa de Lima • Maneras de orar • Metodo de san Alfonso Maria de Liguori • La oracion de Jesus • Orando con iconos

ORACIONES PARA TODOS LOS DIAS

Oración de la mañana

Al comenzar este día, Padre Santo, te pido me ayudes; líbrame de todo mal, de todo peligro y de todo pecado. Que sean buenas mis palabras, mis sentimientos, mis acciones y el fondo de mi corazón. Así, cuando llegue la noche, podré cantar tu alabanza y darte gracias por todo. Gloria a Dios, Padre del Cielo, gloria a su Hijo Jesucristo y gloria al Espíritu Santo por los siglos de los siglos. Amén.

Angelus

V. El ángel del Señor anunció a María.
R. Y ella concibió por obra del Espíritu Santo.
(Dios de salve...)

(El resto de la oración se encuentra en la contraportada.)

V. He aquí la esclava del Señor.

R. Hágase en mí según tu palabra. (Dios te salve...)

V. Y el verbo se hizo carne.

R. Y habitó entre nosotros. (Dios te salve...)

V. Ruego por nosotros, Santa Madre de Dios.

R. Para que seamos dignos de alcanzar las promesas de Cristo.

Dios mío, por la anunciación del ángel supimos de la encarnación de Cristo, tu Hijo. Derrama tu gracia sobre nuestros corazones y por su pasión y cruz, condúcenos a la gloria de su resurrección. Por Cristo nuestro Señor. Amén.

Reina del cielo

(Esta oración se dice durante la Pascua,
en lugar del Angelus)

V. Reina del cielo, alégrate, aleluya.

R. Porque el Señor a quien has merecido llevar en tu seno, aleluya,

V. ha resucitado según su palabra, aleluya.

R. Ruega por nosotros, aleluya.

V. Alégrate, Virgen María, aleluya.

R. Porque ha resucitado el Señor, aleluya.

Todos: Oh Dios, que has alegrado al mundo por la resurrección de tu hijo, nuestro Señor Jesucristo: concédenos, por la intercesión de la Virgen María, su Madre, alcanzar el gozo eterno. Por el mismo Jesucristo, nuestro Señor. Amén.

Oración de la noche

Sálvanos Señor, protégenos mientras dormimos, para que despertemos con Cristo y descansemos en paz. Amén.

ORACIONES DE TEMPORADA

Oración de Adviento

(Para cada día de la temporada.)

Señor, prepara nuestros corazones para que recibamos con alegría a Cristo, nuestro Señor. Protégenos de todos los peligros, y libera nuestras mentes y corazones de la oscuridad que no deja que tu luz pase. Mientras esperamos con ansias la festividad del natalicio de tu Hijo, haz que crezca nuestra fe y confianza en ti. Te lo suplicamos por Cristo, nuestro Señor. Amén.

Novena de Navidad

Bendita sea la hora cuando el Hijo de Dios nació de la purísima Virgen María, en Belén, cuando hacía tanto frío. Oh Dios, escucha mi oración y accede a mi deseos, por los méritos de Jesucristo, nuestro Salvador, y de su santa Madre. Amén.

ORACIONES DE CUARESMA

El Vía Crucis de san Alfonso María de Liguori

(Diga el verso a continuación y responda inmediatamente después del anuncio de cada estación.)

V. Te adoramos, oh Cristo, y te alabamos;
(Genuflexión.)

R. Porque mediante tu santa cruz redimiste a todos.

PRIMERA ESTACION

Jesús es condenado a muerte

Adorámoste, Cristo, y te bendecimos.

Porque con tu santa cruz redimiste al mundo.

Considera como Jesús, después de haber sido azotado y coronado de espinas, fue injustamente sentenciado por Pilato a morir crucificado.

(Pauta y reflexión.)

SEGUNDA ESTACION

Jesús con la cruz a cuestas

Adorámoste, Cristo, y te bendecimos.

Porque con tu santa cruz redimiste al mundo.

Considera como Jesús, caminando con la cruz a cuestas, iba pensando en ti y ofreciendo a su Padre por tu

salvación la muerte que iba a padecer.
(Pauta y reflexión.)

TERCERA ESTACION
Jesús cae por primera vez

Adorámoste, Cristo, y te bendecimos.

Porque con tu santa cruz redimiste al mundo.

Considera esta primera caída de Jesús. Su espalda estaba destrozada por los azotes, su cabeza coronada de espinas, y había derramado mucha sangre. Estaba tan débil que apenas podía caminar y llevaba aquel enorme peso sobre sus hombros. Los soldados lo empujaban, de modo que muchas veces desfalleció y cayó.
(Pauta y reflexión.)

CUARTA ESTACION
Jesús encuentra a su madre

Adorámoste, Cristo, y te bendecimos.

Porque con tu santa cruz redimiste al mundo.

Considera el encuentro del Hijo con su madre. Se miraron y sus miradas expresaron la agonía que sentían en ese momento.
(Pauta y reflexión.)

QUINTA ESTACION

El cirineo ayuda a Jesús

Adorámoste, Cristo, y te bendecimos.

Porque con tu santa cruz redimiste al mundo.

Considera como los soldados, al ver que Jesús iba desfalleciendo cada vez más, temieron que muriera en el camino. Como deseaban verlo morir en la cruz, obligaron a Simón, el cirineo, a que lo ayudara a llevar la cruz. *(Pauta y reflexión.)*

SEXTA ESTACION

La Verónica presta el lienzo

Adorámoste, Cristo, y te bendecimos.

Porque con tu santa cruz redimiste al mundo.

Considera como Verónica, al ver a Jesús tan fatigado y con la cara bañada en sudor y sangre, le ofreció un lienzo, y limpiándose con él nuestro Señor, imprimió en él su santa imagen. *(Pauta y reflexión.)*

SEPTIMA ESTACION

Jesús cae por segunda vez

Adorámoste, Cristo, y te bendecimos.

Porque con tu santa cruz redimiste al mundo.

Considera la segunda caída de Jesús, en la cual se le renueva el dolor de las heridas tanto de su cabeza como de todo el cuerpo.
(Pauta y reflexión.)

OCTAVA ESTACION
Las piadosas mujeres

Adorámoste, Cristo, y te bendecimos.
Porque con tu santa cruz redimiste al mundo.
Considera como algunas piadosas mujeres, viendo que Jesús iba derramando su sangre, lloraban de compasión. Jesús les dijo: "Hijas de Jerusalén, no lloren por mí. Lloren más bien por ustedes mismas y por sus hijos".
(Pauta y reflexión.)

NOVENA ESTACION
Jesús cae por tercera vez

Adorámoste, Cristo, y te bendecimos.
Porque con tu santa cruz redimiste al mundo.
Considera la tercera caída de Jesús. Su debilidad era extrema y la crueldad de los verdugos era excesiva. Ellos querían que se apresurara cuando casi no le quedaba aliento para moverse.
(Pauta y reflexión.)

DECIMA ESTACION

Jesús despojado de su ropa

Adorámoste, Cristo, y te bendecimos.

Porque con tu santa cruz redimiste al mundo.

Considera como al ser despojado de su ropa, Jesús sufre más cuando al arrancarle la ropa le lastimaron la piel otra vez.

(Pauta y reflexión.)

UNDECIMA ESTACION

Jesús clavado en la cruz

Adorámoste, Cristo, y te bendecimos.

Porque con tu santa cruz redimiste al mundo.

Considera como Jesús, tendido sobre la cruz, extiende sus pies y manos y ofrece al Padre el sacrificio de su vida por nuestra salvación. Lo clavan a la cruz, lo levantan, y lo dejan morir de dolor.

(Pauta y reflexión.)

DUODECIMA ESTACION

Jesús muere en la cruz

Adorámoste, Cristo, y te bendecimos.

Porque con tu santa cruz redimiste al mundo.

Considera como Jesús, después de tres horas de agonía, consumido de dolor y exhaustado inclina la cabeza y muere en la cruz.
(Pauta y reflexión.)

DECIMOTERCERA ESTACION
Jesús es bajado de la cruz

Adorámoste, Cristo, y te bendecimos.
Porque con tu santa cruz redimiste al mundo.
Considera como habiendo ya muerto el Señor, lo bajaron de la cruz y lo depositaron en los brazos de su madre. Ella lo recibió con ternura y lo estrechó contra su pecho traspasado de dolor.
(Pauta y reflexión.)

DECIMOCUARTA ESTACION
Sepultura de Jesús

Adorámoste, Cristo, y te bendecimos.
Porque con tu santa cruz redimiste al mundo.
Considera como los discípulos llevaron a enterrar a Jesús, acompañándole también su santísima madre, que lo depositó en el sepulcro con sus propias manos. Después cerraron la puerta del sepulcro y se retiraron.
(Pauta y reflexión.)

Oración de Pascua

V. Aleluya. Cristo ha llegado para nuestro sacrificio pascual;

R. Alegrémosnos mucho. Aleluya.

V. Este es el día que el Señor ha creado;

R. Alegrémosnos.

Jesús resucitado, lléname de alegría. Rodéame con tu luz brillante y con tu gloria. Transforma todos los aspectos de mi vida que necesitan que tú los cures. Susurra mi nombre, como susurraste el de María Magdalena. Ayúdame a conocerte en la Santa Eucaristía, como les enseñaste a los discípulos en el camino a Emau. Déjame tocarte y, como santo Tomás, decir: "Mi Señor y mi Dios". Cristo resucitado, cúbreme con el brillo de tu amor. Déjame ser tu mensajero de paz, alegría y amor para todos. Amén.

(También se dice la Reino del Cielo, página 7.)

Pentecostés

Ven Espíritu Santo

R. Ven Espíritu Santo.

V. Llena los corazones de tus fieles y enciende en ellos el fuego de tu amor.

R. Envía tu Espíritu y serán creados, y renovarás la faz de la tierra.

V. Oremos:

Todos: Oh Dios, mediante la luz del Espíritu Santo has puesto tus enseñanzas en los corazones de los fieles. Permite que mediante el mismo Espíritu Santo seamos sabios y gocemos de tu consuelo. Por nuestro Señor Jesucristo. Amén.

LITURGIA DE LAS HORAS

Oración de la mañana

V. Señor, abre mis labios.

R. Y mi boca proclamará tu alabanza.

V. Gloria al Padre, y al Hijo, y al Espíritu Santo.

R. Como era en el principio, ahora y siempre, por los siglos de los siglos. Amén.

SALMO 145,1-7

Antífona: Venid, aclamemos al Señor, demos vítores a la Roca que nos salva. Aleluya. Quiero ensalzarte, oh Rey mío y Dios mío, y bendecir tu Nombre para siempre.

Deseo bendecirte cada día
y cantarle a tu Nombre para siempre.

Grande es el Señor,
digno de toda alabanza,
y no puede medirse su grandeza.
Una generación habla ante la otra
muy bien de tus hazañas,
le cuenta tus proezas.

Hablan de tu esplendor
y de la gloria de tu majestad,
nos refieren tus hechos milagrosos.
Nos cuentan el poder de tus prodigios,
nos narran tus grandezas.
Nos harán recordar tu gran bondad
y anunciarán, alegres, tu justicia.
ANTIFONA

LECTURA DEL EVANGELIO

(*Ver* Aliento del Evangelio, *página 28.*)

REFLEXION EN SILENCIO

CANTICO DE ZACARIAS

(Lucas 1,68-79)

Bendito el Señor, Dios de Israel,
porque intervino liberando a su pueblo,
y nos ha suscitado un Salvador
de entre los hijos de David,
su servidor.

Así sea han realizado sus promesas
hechas en el pasado
por la boca de sus santos profetas.

De salvarnos
de nuestros enemigos
y del poder de aquellos
que nos odian.

Así demuestra ahora
la bondad que tuvo
con nuestros padres,
y así se acuerda
de su santa alianza;

pues a Abraham, nuestro padre,
le prometió librarnos de las manos
de nuestros enemigos,

para que le sirvamos sin temor,
haciéndonos perfectos
y siendo dignos de él
a lo largo de toda nuestra vida.

Y tú, pequeño niño,
serás el profeta del Altísimo,
porque llegarás primero que el Señor
para prepararle el camino,

para enseñar a su pueblo
lo que será la salvación
cuando se le perdonen
sus pecados.
Todo será por obra
de la tierna bondad de nuestro Dios
que nos trae del cielo la visita
del Sol que se levanta

para alumbrar
a aquellos que se encuentran
entre tinieblas
y sombras de muerte
y para guiar nuestros pasos
por el camino de la paz.

Gloria al Padre, y al Hijo, y al Espíritu Santo.
Como era en el principio, ahora y siempre, por los siglos
de los siglos. Amén.

INTERCESIONES

Señor, escucha mi oración por los necesitados.

Señor, rezo por que la Iglesia siempre sea fiel al Evangelio.

Señor, recuerda a quienes carecen de techo, comida y empleo.

Señor, cuida a toda la gente a quien amo.

EL PADRE NUESTRO

(La oración se encuentra en la contraportada.)

ORACION DE CONCLUSION

Dios todopoderoso, otra vez nos has ayudado a ver el día. Te alabamos y glorificamos. Llenanos de amor hacia ti, aumenta nuestra fe, y protégenos durante el transcurso de este día.

Por nuestro Señor Jesucristo, tu Hijo, que vive y reina contigo y con el Espíritu Santo. Como era en el principio, ahora y siempre, por los siglos de los siglos. Amén.

Oración del mediodía

V. Señor, abre mis labios.
R. Y mi boca proclamará tu alabanza.
V. Gloria al Padre, y al Hijo, y al Espíritu Santo.
R. Como era en el principio, ahora y siempre, por los siglos de los siglos. Amén.

EXAMEN DE LA CONCIENCIA

(Reza la oración a continuación para preparate a examinar tu conciencia en silencio.)

Dios amoroso, tomo una pausa en un día ocupado para reflexionar en lo que he dicho y hecho. ¿He dicho o hecho algo de lo que ahora me arrepiento? ¿Perdí la oportunidad de servirte a ti o a otros?

(Reflexiona en lo que ha transcurrido este día. Cuando estés listo, reza en silencio la oración a continuación, y pide la gracias necesarias para pasar el resto del día en la presencia de Dios.)

Oh Dios, te pido con humildad que me perdones mis defectos y pecados. Estoy listo para comenzar de nuevo. Ayúdame a expresarme y comportarme bien por el resto del día. Diríjeme en mis pensamientos y en mis pasos. Gracias por los dones y la alegría que me das.

SALMO 119,1-4

Felices los que sin mancha caminan en la Ley del Señor. Felices los que guardan sus mandamientos y buscan a Dios con todo el corazón; los que nunca cometen maldades, sino que van por el camino recto. Señor, nos diste tus mandatos para que los cumplamos puntualmente.
Gloria al Padre, y al Hijo, y al Espíritu Santo.
Como era en el principio, ahora y siempre, por los siglos de los siglos. Amén.

ORACION DE CONCLUSION

(Ver el Angelus, *página 5* ó la Reina del Cielo, *página 6*.)

Oración de la noche

V. Señor, abre mis labios.
R. Y mi boca proclamará tu alabanza.
V. Gloria al Padre, y al Hijo, y al Espíritu Santo.

R. Como era en el principio, ahora y siempre, por los
siglos de los siglos. Amén.

SALMO 138, 1-3
Antífona: Delante de los Angeles te canto.

Te doy gracias, Señor, con toda mi alma,
porque cuando te hablaba me escuchaste;
Te agradezco tu amor y lealtad,
pues mayor que tu fama es tu promesa.

El día en que clamé, tú me escuchaste
y le infundiste a mi alma más valor.

Gloria al Padre, y al Hijo, y al Espíritu Santo.
Como era en el principio, ahora y siempre, por los
siglos de los siglos. Amén.
ANTIFONA

LECTURA DEL EVANGELIO
(*ver el* Aliento del Evangelio, *página 28*)

REFLEXION EN SILENCIO

CANTO DE MARIA
(Lucas1,46-55)

Celebra todo mi ser
la grandeza del Señor
y mi espíritu se alegra
en el Dios que me salva,

porque quiso mirar la condición
humilde de su esclava,

en adelante todos los hombres
dirán que soy feliz.

En verdad el Todopoderoso
hizo grandes cosas para mí,
reconozcan que Santo es su Nombre

que sus favores alcanzan
a todos los que le temen
y prosiguen en sus hijos.

Su brazo llevó a cabo
hechos heroicos,
arruinó a los soberbios
con sus maquinaciones.

Sacó a los poderosos
de sus tronos
y puso en su lugar a los humildes;

Repletó a los hambrientos
de todo lo que es bueno
y despidió vacíos a los ricos.

De la mano tomó a Israel, su siervo,
demostrándoles así su misericordia.

Esta fue la promesa
que ofreció a nuestros padres
y que reserva a Abraham
y a sus descendientes para siempre.

Gloria al Padre, y al Hijo, y al Espíritu Santo.
Como era en el principio, ahora y siempre, por los
siglos de los siglos. Amén.

INTERCESIONES

Señor, te agradezco por tus bendiciones este día.

Señor, bendice esta noche a todos los necesitados.

Señor, protégeme esta noche para que la pase en paz.

- 27 -

ORACION DE CONCLUSION

Señor, esperamos que nuestras plegarias te plazcan esta noche. Ayúdanos a vivir según las enseñanzas del Evangelio. Que podamos seguir los pasos de tu Hijo Jesucristo, nuestro Señor, quien vive y reina contigo y con el Espíritu Santo.

ESCRITURA

Aliento del Evangelio

El aliento del Evangelio es una forma sencilla de orar basándose en las Escrituras. Escoge uno de los breves pasajes de las Escrituras a continuación o uno de tu Biblia. Lee despacio y en silencio, haciendo pausa después de cada frase.

Juan 7,37-38

El último día, el más solemne de la fiesta, Jesús, de pie, decía a toda voz: "Venga a mí el que tiene sed; el que crea en mí tendrá de beber. Pues la Escritura dice: De él saldrán ríos de agua viva".

Filipenses 2,10-11

Para que, ante el Nombre
de Jesús, todos se arrodillen
en los cielos, en la tierra
y entre los muertos.
Y toda lengua proclame

que Cristo Jesús es El Señor,
para gloria de Dios Padre.

Juan 10,14

Yo soy el Buen Pastor: conozco a la mías y las mías me conocen a mí.

Mateo 25,34

Entonces el rey dirá a los que están a la derecha: "¡Vengan, los bendecidos por mi Padre! Tomen posesión del reino que ha sido preparado para ustedes desde el principio del mundo".

Mateo 11,28-30

Vengan a mí los que se sienten cargados y agobiados, porque yo los aliviaré. Carguen con mi yugo y aprendan de mí, que soy paciente de corazón y humilde, y sus almas encontrarán alivio. Pues mi yugo es bueno, y mi carga liviana.

Mateo 8,23-27

Después Jesús subió a la barca y lo seguían sus discípulos. Se desató una tormenta tan grande en el mar, que las olas cubrían la barca, pero él dormía. Los discípulos se le acercan y lo despiertan, diciéndole: "Socórrenos, Señor, que nos hundimos". Jesús les dice: "Gente de poca fe, ¿por qué tienen miedo?" Después se pone en pie, da una orden a los vientos y al mar, y todo queda tranquilo. Aquellos hombres, llenos de admiración, exclamaron: "¿Quién es éste, a quien hasta los vientos y el mar obedecen?"

Juan 13,34

Les doy este mandamiento nuevo: que se amen unos a otros. Ustedes se amarán unos a otros como yo los he amado.

Juan 16,13

Y cuando venga él, el Espíritu de la verdad, los introducirá a la verdad total. El no vendrá con un mensaje propio sino que les dirá lo que ha escuchado, y les anunciará las cosas futuras.

DEVOCIONES

Oración para los difuntos

V. Dales, Señor, el descanso eterno.

R. Y brille para ellos la luz perpetua.

V. Descansen en paz.

R. Amén.

Oración para antes y después de la comida

Bendícenos, Señor, y estos alimentos que vamos a recibir de tu generosidad, por Cristo, nuestro Señor. Amén.

Oración para después de comulgar

Oración a Cristo crucificado

Amado y buen Jesús: postrado(a) en tu santísima presencia, te ruego con el mayor fervor, imprimas en mi corazón vivos sentimientos de fe, esperanza y caridad, verdadero dolor de mis pecados y un propósito de enmienda firmísimo. Mientras que con todo el amor y con gran pesar en mi alma, voy considerando tus cinco llagas, teniendo presente aquello que dijo de ti, oh buen Jesús, el profeta David: "Mis manos y mis pies han traspasado, y contaron mis huesos uno a uno" (Salmo 22,17-18).

Oración para después de comulgar

Alma de Cristo, santifícame.

Cuerpo de Cristo, sálvame.
Sangre de Cristo, embriágame.
Agua del costado de Cristo, purifícame.
Pasión de Cristo, confórtame.
¡Oh buen Jesús!, óyeme.
Dentro de tus llagas, escóndeme.
No permitas que me aparte de ti.
Del maligno enemigo defiéndeme.
En la hora de mi muerte llámame y
mándame ir a ti,
para que con tu santos te alabe
por los siglos de los siglos. Amén.

Visitas al Santísimo
por San Alfonso

Señor mío Jesucristo, que, por el amor que tienes a los hombres, estás de noche y de día en este sacramento, todo lleno de piedad y de amor, esperando, llamando y recibiendo a todos cuántos vienen a visitarte; yo creo que estás presente en el Santísimo Sacramento del altar, te adoro desde el abismo de mi nada y te doy gracias por todas las mercedes que me has hecho, especialmente por haberme dado en este sacramento tu mismo ser; por haberme concedido como abogada a tu Santísima Madre la Virgen María y por haberme llamado a visitarte en este lugar santo.

Adoro tu amantísimo Corazón y deseo adorarlo por tres fines: el primero, en agradecimiento de este tan preciado don; el segundo para desagraviarte de todas las injurias que has recibido de tus enemigos en este sacramento; y el tercero, porque deseo en esta visita adorarte en todos los lugares de la tierra donde estás sacramentado con menos culto y más abandono.

Jesús mío, te amo con todo mi corazón; pésame de haber tantas veces ofendido en el pasado tu infinita bondad;

propongo, ayudado de tu divina gracia, enmendarme en lo venidero, y ahora, pobre como soy, me consagro todo a ti. Te doy y entrego mi voluntad, mis afectos, mis deseos y todo cuanto me pertenece. De hoy en adelante haz, Señor, de mí y de mis cosas cuanto te agrade. Lo que yo quiero y te pido es tu santo amor, la perfecta obediencia a tu santísima voluntad, y la perseverancia final.

Te encomiendo, Señor, las almas del purgatorio, especialmente las más devotas de este Santísimo Sacramento, y te ruego por todos los pobres pecadores. En fin, amado Salvador mío, uno todos mis afectos y deseos con los de tu amorosísimo Corazón, y así unidos los ofrezco a tu Eterno Padre y le pido, en tu Nombre, que por tu amor los acepte y atienda benignamente. Amén.

REFLEXION EN SILENCIO

Escoge una reflexión del Aliento del Evangelio, *página 28.*

Comunión espiritual

Creo, Jesús mío, que estás en el Santísimo Sacramento del altar: te amo sobre todas las cosas y deseo recibirte dentro de mi alma. Ya que no puedo hacerlo ahora sacramentalmente, ven a lo menos espiritualmente a mi corazón. Como si ya te hubiese recibido, te abrazo y me uno todo a ti. No permitas, Señor, que vuelva a separarme de tu presencia.

Oración al Sagrado Corazón de Jesús

Omnipotente y eterno Dios, mira el Corazón de tu amabilísimo Hijo, ve las satisfacciones que hoy te ofrece por los pecadores, escucha las alabanzas que te tributa en nombre de ellos; y aplacado por él, concede perdón a los que te imploran, por el mismo Jesucristo tu Hijo, que contigo vive y reina en unidad del Espíritu Santo, por los siglos de los siglos. Amén.

Cómo prepararse para la Hora Santa antes del Santísimo Sacramento

1. Ve donde se encuentra el Santísimo Sacramento. Arrodíllate o siéntate. Concéntrate en la presencia de Jesús en la Eucaristía. Saluda a Jesús como si fuese un amigo. Cuéntale lo que piensas. Dale gracias por las veces que has sentido su presencia. Pídele que te ayude.

2. Reza algunas de las oraciones de este libro. Si es una temporada especial, mira las oraciones en la página 8. Según sea la hora del día, mira la Liturgia de las Horas en la página 17. El Aliento del Evangelio incluye pasajes breves de la Escritura. Lee despacio algunas de ellas, para que la Escritura quede impresa en tu mente. Si cierto pasaje, palabra o imagen resalta, concéntrate en él y deja que el Espíritu Santo te guíe en la oración.

3. Si la Eucaristía está a la vista para ser venerada, concéntrate en ella. Esto sirve de preparación para la contemplación. Meditar y rezar en silencio delante de la Eucaristía es lo más importante de la Hora Santa.

4. Concluye tu adoración recitando uno de los cantos que incluimos. Por la mañana, reza el Canto a Zacarías que está en la página 17. Si es de noche, reza el Canto a María que está en la página 25. También puedes rezar el Canto a Simón que se encuentra en la página 63, al final de la bendición.

Sugerencias para la oración de San Alfonso

San Alfonso María de Liguori tenía confianza total en los beneficios de la oración. Muchas veces dijo: "Nunca dejes de rezar. Si rezas, tu salvación estará asegurada. Acostúmbrate a hablarle a Dios como si estuvieras a solas con él. Háblale de tu vida, de tus planes, de tus problemas, de tus alegrías, de tus temores. Por su parte, Dios te hablará en tu corazón mediante sensaciones de paz, esperanza, alegría o pena por tus pecados... golpeos ligeros en la puerta de tu corazón".

ORACIONES A LOS SANTOS

Novena a san Judas Tadeo
Día festivo: 28 de octubre

¡Milagroso Apóstol de de Cristo, san Judas Tadeo! A ti recurrimos llenos de esperanza en tu poderoso amparo. ¿Quién sino tú , abogado de los casos desesperados, hace llegar hasta nosotros el testimonio de tu poder singular, concediéndonos el favor que de ti solicitamos? Demuéstranos que, no en vano, acudimos a tu amorosa protección; que escuchas nuestras súplicas y ruegos, y que serás clemente, dándonos el consuelo que necesitamos.

Muchos somos los que invocamos tu glorioso nombre, esperando tu misericordia y amparo en nuestras necesidades. Protégenos, Apóstol esforzado de Cristo; fortalece nuestra fe y consigue que se derrame en nuestras aslmas el néctar de la divina gracia, para no desfallecer en los combates del espíritu y en las angustias de la vida.

Ayuda al Vicario de Cristo, el Papa; sostén al episcopado católico; ampara al clero y aleja los peligros de nuestra santa religión católica, para que con libertad evangélica pueda desarrollar su acción bienhechora por toda el mundo. San Judas Tadeo, ruega por nosotros. Amén.

Oración a san Antonio de Padua
Día festivo: 13 de junio

Oh admirable san Antonio, glorioso por los grandes milagros realizados, que mereciste tener en tus brazos al Niño Jesús; obtén de su bondad la gracia que ardientemente deseo. Tú, que fuiste tan misericordioso con los pecadores, no mires mis pecados sino a la gloria de Dios, que será, una vez más, ensalzada por ti, y a la salvación de mi alma, unida a la súplica que ahora solicito con tanto anhelo. Que sea la prenda de mi gratitud la promesa de una vida más conforme con las enseñanzas evangélicas, y consagrada al alivio de los pobres de tus amados. Bendice mi promesa y dame la perserverancia hasta la muerte. Amén.

Plegaria a san Felipe de Jesús
Día festivo: 5 de febrero

San Felipe de Jesús, orgullo de nuestro pueblo, que llevaste su espíritu generoso hasta el extremo del mundo.

Enséñanos a medir el valor exacto de las cosas; que nuestra patria vuelva a su antigua riqueza y sea Dios el Señor de cada vida. Porque ya van siendo muchos los hijos de este suelo que vendieron sus ideales de eternidad y no les importó que se les marchitase el alma.

Cuando dabas la vida por tu ideal, mexicano y divino, reían tus ojos mirando hacia arriba y de tus labios brotaba el cantar mejor. Así debe reír nuestro pueblo, así quiere mirar al cielo, así como tú hemos de cantar la generosa melodía mexicana del amor a Dios y a todos los hombres como hermanos.

Vuelve otra vez a la vida de la patria, heramano mayor de esta gran familia, que tiene por madre a Santa María. Ilumínanos por dentro y pídele al Señor que renovemos el alto ideal que trazaste con tu vida y de la misión universalista y espiritualizadora que el cielo marcó para nuestra patria.

San Felipe de Jesús, el mayor de los mexicanos; que aprendamos de ti a ser como el mundo nos necesita y el cielo espera de nosotros.

Ruega por nosotros san Felipe de Jesús, para que seamos dignos de alcanzar las promesas de Jesucristo. Amén.

Oraciones a san Gerardo
Día festivo: 16 de octubre

Para la maternidad

Buen san Gerardo, intercesor poderoso ante el trono de Dios, trabajador milagroso de nuestro día, yo te llamo y busco tu ayuda. Tú sabes que nuestro matrimonio aún no ha sido bendecido con un niño y que mi esposo y yo deseamos este don con fervor. Por favor, presenta nuestra súplicas fervientes al Creador de la vida de quien procede todo parentesco, y suplícale que nos bendiga con un niño a quien criaremos como niño suyo y heredero del Cielo. Amén.

Dios poderoso y eterno, a través del poder del Espíritu Santo preparaste el cuerpo y alma de la Virgen María para que fuera una morada digna de tu Hijo divino. Santificaste a san Juan Bautista, mientras estaba en el vientre de su madre. Escucha ahora mi oración. A través de la intercesión de san Gerardo, vela sobre mi niño y sobre mí; protégenos en el tiempo del parto. Que mi niño reciba las gracias salvadoras del bautismo, lleve una vida cristiana y junto con todos los miembros de nuestra familia, alcance la felicidad eterna en el cielo. Amén.

Oración a san José
Día festivo: 19 de marzo

San José, has sido el árbol bendito por Dios, no para dar fruto, sino para dar sombra; sombra protectora de María, tu esposa; sombra de Jesús, que te llamó padre y al que te entregaste del todo. Tu vida, tejida de trabajo y de silencio, me enseña a ser eficaz en todas las situaciones; me enseña, sobre todo, a esperar en la oscuridad, firme en la fe. Siete dolores y siete gozos resumen tu existencia: fueron los gozos de Cristo y de María, expresión de tu donación sin límites. Que tu ejemplo me acompañe en todo momento: florecer donde la voluntad del Padre me ha plantado, saber esperar, entregarme sin reservas hasta

que la tristeza y el gozo de los demás sean mi tristeza
y mi gozo. Amén.

Oración al Angel de la Guarda
Día festivo: 2 de octubre

Angel de la Guarda, dulce compañía,
no me desampares ni de noche ni de día,
hasta que me pongas en paz y alegría
con todos los santos, Jesús y María. Amén.

Oración a san Juan Bosco
Día festivo: 31 de enero

San Juan Bosco, amigo y padre de la juventud, invoco
tu protección sobre todos los jóvenes de nuestro tiempo.

Has querido mucho a lo jóvenes y a ellos has dedicado
toda tu vida y los has orientado en el camino del bien,
de la castidad y de la oración.

Te pido que continúes también hoy desde el cielo con tu
misión de salvación. Haz que nuestros jóvenes crezcan
sanos y generosos, que rechacen las ocasiones del mal,
que se empeñen con todo su entusiasmo en vivir plena-
mente la vida cristiana para que sean siempre auténticos
testimonios de Cristo Jesús. Amén.

Oración a san Miguel
Día festivo: 29 de septiembre

Arcangel san Miguel, defiéndenos en la lucha, ampara-
nos contra la perversidad y acechanzas, y tú, príncipe de
la celestial milicia, lanza al infierno con el divino poder
a Satanás y a los otros malignos espíritus que andan por
el mundo para la perdición de las almas. Amén.

Oración a santa Lucía
Día festivo: 13 de diciembre

Oh gloriosa Santa, que de la luz tomaste el nombre,
ante ti nos presentamos llenos de confianza, a fin de
que nos des aquella sagrada luz que nos haga cautos
para no caminar por la senda del pecado, ni permanecer
envueltos en las tinieblas del error. Imploramos también
tu intercesión para conservar la vista corporal y saber
usar siempre de ella conforme el beneplácito divino, sin
ningún detrimento para el alma. Haz, oh santa Lucía,
que después de venerarte y agradecerte como es debido
acá en la tierra tu eficaz patrocinio, lleguemos finalmente a gozar contigo en el Paraíso de la eterna luz del
Divino Cordero y dulce Esposo tuyo, Jesucristo. Amén.

Oración a san Peregrino
Día festivo: 4 de mayo

Oh san Peregrino, a quien llaman "El Obrador de Maravillas", por los numerosos milagros que obtienes de Dios para todos los que recurren a ti; tú que por muchos años padeciste una cancerosa enfermedad que carcomió tus tejidos y destruyó las fibras de tu ser, que tuviste alivio cuando todos los recursos humanos no te daban esperanzas; tú que fuiste favorecido viendo a Jesús bajar de la cruz para sanar tu enfermedad, pide a Dios y a la santísima Virgen la cura para estas personas a quién ahora te encomiendo **(nombre de las personas enfermas).** Ayudados así por tu poderosa intercesión, te pedimos nos ayudes a alcanzar la bondad y misericordia de nuestro Señor Jesucristo. Amén.

Oración a san Alfonso
Día festivo: 1º de agosto

Querido san Alfonso, cariñoso Padre de los pobres y enfermos, que toda tu vida te dedicaste a cuidarlos. Te pido que intercedas por los que tienen artritis, pues tú mismo padeciste de esta enfermedad. Tenme compasión por mi sufrimiento, y ayúdame a **(haga su petición)**.

Oración a santa Rosa de Lima

Día festivo: 30 de agosto

Dios nuestro que impulsaste a santa Rosa de Lima a apartarse de la vida del mundo por amor tuyo y a consagrarse sólo a ti, en la austeridad y en la penitencia, concédenos, por su intercesión, que sepamos seguir, en este mundo, el camino que conduce a la verdadera vida, para que lleguemos a gozar del torrente de tus delicias allá en el cielo. Por nuestro Señor Jesucristo, tu Hijo. Amén.

MANERAS DE ORAR

Método de san Alfonso María de Liguori

"La oración mental es la linterna que alumbra nuestro camino a la eternidad".

Preparación

• Aparta quince minutos para la reflexión.

• Escoge un lugar apacible.

• Siéntate o arrodíllate.

• Cierra tus ojos.

• Enfoca tu atención en la presencia de Dios
  dentro de ti.

• Ponte dispuesto a recibir a Dios.

• Comienza a conversar con Dios...
  Dios, sé que estás aquí conmigo.
  Te amo con todo mi corazón.
• Di un Avemaría (vea el texto en la contraportada) o
  una breve letanía privada.
  Santa María, Madre de Dios, ruega por mí.
  San José, ruega por mí.
  San ______ (tu santo patrón o santo favorito),
  ruega por mí.

Reflexión

Para estimular tu espíritu, lee unos versos de las Escrituras (como el Evangelio del día) o un breve pasaje de un libro espiritual.

Reflexiona por unos minutos en cualquier cosa que te llame la atención durante tu lectura, o sea, piensa por un momento en el significado de lo que estás leyendo.

Contempla tu vida a través del tema de la lectura. ¿El leer lo que escogiste te impulsa a tratar de mejorar algún aspecto específico acerca de tu vida?

Recuerda que estás pensando sólo para que puedas rezar mejor. El acto de pensar es la aguja de coser que atrae el hilo dorado de los actos de amor, las oraciones de petición y las resoluciones. El hilo es más importante que la aguja. Por lo tanto, la mayoria de tu tiempo en reflexión debe consistir en obrar con amor, rezar, y tomar resoluciones.

1. Obras de Amor

Díle a Dios que lo amas. Reza por la gracia de saber que Dios es tu compañero más íntimo y encantador.

2. Oraciones de Petición

Cuando estés reflexionando, haz muchas peticiones, pidiéndole a Dios que te dé las gracias que necesitas. Pídele a Dios que haga a un lado cualquier obstáculo que te separa de otros o que causa conflicto dentro de ti mismo.

Pídele a Dios que te dirija en cada paso de la vida, para que cuando mueras corras con alegría hacia tu amado.

3. Resoluciones

Santa Teresa de Avila aconseja: "El alma no progresa al pensar mucho en Dios, sino cuando se le ama haciendo mucho por él".

Cuando acabes de reflexionar, resuelve hacer algo hoy.

Concluye tu reflexión con tres breves actos:

• Dale gracias a Dios por lo que te haya dado.

• Renueva tu resolución de hacer una buena obra o de no hacer algo indebido.

• Pídeles a Jesús y a María que estés en sus corazones hoy y que te ayuden a cumplir tu resolución.

La Oración de Jesús

Hay muchas variaciones de esta oración. La más común es:

Señor Jesucristo,
Hijo de Dios,
ten piedad de mi, que soy pecador.

Otras variaciones:

Señor Jesucristo, ten piedad de mí.
Señor Jesús, ten piedad.
Jesús.

San Pablo nos dice: "Oren sin cesar" (1 Tesalonicenses 5,17). ¿Cómo hemos de hacerlo? Repitiendo: "Señor Jesucristo, ten piedad de mí".

He aquí las instrucciones de san Simón, el Nuevo
Teólogo:

Siéntate solo y en silencio. Agacha la cabeza,
cierra los ojos, respira con calma e imagina que
estás viendo tu propio corazón. Al inhalar di: "Señor Jesucristo"; al exhalar di: "ten piedad de mí".

Orando con iconos

"El ojo con el que veo a Dios es el mismo con el que
Dios me ve".

Meister Eckhart

La oración es el descendimiento de la mente al corazón,
donde está ante la presencia de Dios. En este libro de
oraciones hay dos iconos—el icono de Cristo resucitado
en la portada y el icono de Nuestra Madre del Perpetuo
Socorro en la contraportada de atrás. Mirar estas imá-
genes con fe conduce a la oración contemplativa.

Escoge uno de los iconos incluidos en este libro de devo-
ciones. Tenlo en tus manos o abierto sobre tus piernas.
Al mirarlo, concéntrate en tu respiración. Cuando algo
te distraiga, simplemente no le des demasiada atención.

Cuando hayas pasado unos minutos en silencio, cierra tus ojos y concéntrate en tu deseo de estar con Dios en este momento. Pídele que te ayude a contrarrestar lo que te esté alejando de él.

Abre los ojos y mira la imagen. Pasa el tiempo pensando en lo que te venga a la mente. Por lo general vas a tener sentimientos e ideas acerca del misterio de Cristo. Que tu mirada sea la herramienta que fije to concentración en el icono cuando algo te distraiga.

Cierra tus ojos, tratando de retener la imagen del icono. Entonces deja de pensar en él y guarda silencio por todo el tiempo que quieras. Concluye rezando el Padre Nuestro, despacio y en voz baja.

Reconciliación

Oración para antes de confesarse

Espíritu Santo, mi alma te llama. Ilumina mi mente para que me dé cuenta de los pecados que debo confesar, y dame tú gracia para que los confiese franca y humildemente, lleno de contrición. Ayúdame a no cometerlos de nuevo.

Santa Virgen, Madre de mi Redentor, intercede por mí mediante la pasión de tu Hijo, para que obtenga la gracia necesaria para confesarme bien.

Angeles y santos de Dios, recen por mí, para que me arrepiente de mis malas obras y mi corazón quede unido eternamente en amor con el suyo. Amén.

Breve examinación de la conciencia

1. Siéntate o arrodíllate. Que sea en un lugar donde nohaya ruido.

2. Piensa en lo que has hecho desde tu última confesión.

3. Medita en los diez mandamientos y en cualquier pecado que hayas cometido.

4. Reflexiona sobre el texto del Evangelio, especialmente donde Jesús dice que ames a tu prójimo como a ti mismo.

5. ¿Has pensado, dicho o hecho cosas indebidas? ¿Rehúsas perdonar a alguien? ¿Odias a alguien o a cierta gente? ¿Te controla el miedo, la ansiedad, la culpa, el sentido de inferiodidad o el odio a ti mismo?

Acto de contrición

Mi Dios, me arrepiento de mis pecados con todo mi corazón. Por haber hecho el mal en lugar del bien he pecado en contra de ti, a quien debiera amar sobre todas las cosas. Con tu ayuda, tengo toda la intención de hacer penitencia, de no pecar más, y de evitar el pecado en cualquier forma.

Nuestro Salvador Jesucristo sufrió y murió por nosotros. Dios, ten misericordia por mí en Nombre de él. Amén.

Oración para después de la confesión

Señor Jesucristo, confesé mis pecados lo mejor que pude y sé que me has perdonado. Tu divino corazón rebosa de amor y misericordia. Te amo, Jesús, y trataré de no pecar más y de amarte más cada día.

María, madre mía, reza por mí y ayúdame a guardar todas mis promesas. Protégeme y no dejes que vuelva a pecar. Amén.

ORACIONES A LA SANTISIMA VIRGEN MARIA

Oración a Nuestra Madre del Perpetuo Socorro
Día festivo: 27 de junio

¡Oh Virgen santa, María de Nazaret! Nos unimos a tu canto de júbilo y contigo damos gracias a Dios, cuya misericordia se extiende de generación en generación.

Animas nuestra fe.

Alienta nuestra esperanza.

Llena de amor nuestros corazones.

Tú que eres Perpetuo Socorro, ayúdanos a superar todas las dificultades que se nos presenten.

Y recíbenos un día en tu casa, la casa de nuestro Padre, en la que, junto con el Hijo y el Espíritu Santo, esperamos morar por toda una eternidad. Amén.

Oración a Nuestra Señora de Guadalupe
Día festivo: 12 de diciembre

Oh, Virgen Inmaculada, Madre del verdadero Dios y Madre de la Iglesia, tú, que desde este lugar manifiestas tu clemencia y tu compasión a todos los que solicitan tu amparo, escucha la oración que con filial confianza te dirigimos, y preséntala ante tu Hijo Jesús, único Redentor nuestro.

Madre de misericordia, maestra del sacrificio escondido y silencioso, a ti, que sales al encuentro de nosotros los pecadores, te consagramos en este día todo nuestro ser y todo nuestro amor. Te consagramos también nuestra vida, nuestros trabajos, nuestras alegrías, nuestras enfermedades y nuestros dolores.

Da la paz, la justicia y la prosperidad a nuestros pueblos, y todo lo que tenemos y somos lo ponemos bajo tu cuidado, Señora y Madre nuestra. Queremos ser totalmente tuyos y recorrer contigo el camino de una plena fidelidad a Jesucristo en su Iglesia: no nos sueltes de tu mano amorosa.

Virgen de Guadalupe, Madre de las Américas, te pedimos por todos los obispos, para que conduzcan a los fieles por senderos de intensa vida cristiana, de amor y de humilde servicio a Dios y a las almas. Contempla esta inmensa mies, e intercede para que el Señor infunda hambre de santidad en todo el Pueblo de Dios, y otorgue abundantes vocaciones de sacerdotes y religiosos, fuertes en la fe y celosos dispensadores de los misterios de Dios.

Concede a nuestros hogares la gracia de amar y respetar la vida que comienza con el mismo amor con el que concebiste en tu seno la vida del Hijo de Dios.

Virgen Santa María, Madre del Amor hermoso, protege a nuestras familias para que estén siempre muy unidas, y bendice la educación de nuestros hijos.

Esperanza nuestra, míranos con compasión al ir continuamente a Jesús y, si caemos, ayúdanos a levantarnos, a volver a él mediate la confesión de nuestras culpas y pecados en el sacramento de la penitencia, que trae sosiego al alma.

Te suplicamos que nos concedas un amor muy grande a todos los sacramentos, que son como las huellas que tu Hijo nos dejó en la tierra.

Así, Madre Santísima, con la paz de Dios en la conciencia, con nuestros corazones libres de mal y de odios, podremos llevar a todos la verdadera alegría y la verdadera paz, que vienen de tu Hijo, nuestro Señor Jesucristo, que con Dios Padre y con el Espíritu Santo, vive y reina por los siglos de los siglos. Amén.
(Juan Pablo II)

Oración a Nuestra Señora del Monte Carmelo
Día festivo: 16 de julio

Oh hermosa flor del Carmen, vid más fértil, maravilla del cielo, santa y única, que diste luz al Hijo de Dios sin dejar de ser virgen, solicito tu ayuda. Oh Estrella del Mar, ayúdame y protégeme. Demuéstrame que eres mi Madre. Patrona de todos los que llevan puesto un escapulario, ¡reza por nosotros! Esperanza de todos los que mueren llevando puesto un escapulario, ¡reza por nosotros! Oh dulce corazón de María, sé nuestra salvación. Amén.

Memorare

Acuérdate, oh piadosísima Virgen María, que jamás se ha oído decir que ninguno de los que han acudido a tu protección, implorando tu asistencia, reclamado tu auxilio, haya sido desamparado. Animados con esta confianza, a ti también acudimos, oh Virgen y Madre y, aunque afligidos bajo el peso de nuestros pecados, nos atrevemos a presentarnos ante tu presencia soberana. No desdeñes, oh Madre de Dios, nuestras súplicas; antes bien, escúchalas y dígnate acogerlas favorablemente. Amén.

Salve Regina

Dios te salve, Reina y Madre, Madre de misericordia, vida, dulzura y esperanza nuestra. Dios te salve, a ti clamamos los desterrados hijos de Eva; a ti suspiramos, gimiendo y llorando en este valle de lágrimas. Ea, pues, Señora, abogada nuestra, vuelve a nosotros esos tus ojos misericordiosos, y después de este destierro, muéstranos a Jesús, fruto bendito de tu viente, ¡Oh Clemente! ¡Oh piadosa! ¡Oh dulce Virgen María! Ruega por nosotros Santa Madre de Dios, para que seamos dignos de alcanzar las promesas de Cristo Nuestro Señor. Amén.

Misterios del rosario

Los misterios gozosos

1. La encarnación del Hijo de Dios. (Humildad)
2. La visitación de Nuestra Señora. (Amor al prójimo)
3. El nacimiento del Hijo de Dios. (Pobreza de espíritu)
4. La presentación del Niño Jesús. (Someterse a la voluntad de Dios)
5. El Niño Jesús perdido y hallado en el templo. (Fidelidad a la vocación)

Los misterios dolorosos

1. La oración de Jesús en el huerto. (Espíritu de oración)
2. La flagelación de Nuestro Señor Jesucristo. (Pudor y pureza)
3. La coronación de espinas. (Valor)
4. Jesús con la cruz a cuestas. (Sufrir con paciencia)
5. La crucifixión y muerte del Redentor. (Abnegación)

Los misterios gloriosos

1. La resurrección de Nuestro Señor Jesucristo. (Fe)
2. La ascención del Hijo de Dios. (Esperanza)
3. La venida del Espíritu Santo. (Sabiduría, Amor, Fortitud)
4. La asunción de Nuestra Señora. (Felicidad eterna)
5. La coronación de María Santísima. (Devoción a María y perseverancia hasta el final)

EXPOSICION Y BENDICION EUCARISTICA

Himno

Verbum supernum - O salutaris

Sin dejar la derecha de su Padre,
y para consumar su obra divina,
el sumo Verbo, que ha venido al mundo,
llega al fin a la tarde de su vida.

Ante de ser (por unos de los suyos)
dado a quienes la muerte le darían,
en el vital banquete del cenáculo
se dio a los suyos como manjar vivo.

Se dio a los suyos, bajos dos especies,
en su carne y su sangre sacratísimas,
a fin de alimentar en cuerpo y alma
a cuantos hombres este mundo habitan.

Se dio, naciendo, como compañero;
comiendo se entregó como comida:
muriendo se empeñó como rescate;
reinando, como premios se nos brinda.

Hostia de salvación, que abres las puertas
celestes de la gloria prometida:
fortalece y socorre a nuestras almas
asediadas por fuerzas enemigas.

Glorificada eternamente sea
la perpetua Deidad, que es una y trina,
y que ella finalmente nos conceda
en la patria sin fin vida infinita.

Lecturas

Después del himno, puede leerse uno de los pasajes de
la Biblia a continuación.

Juan 21,1-19   Mateo 5,13-16
Juan 14,1-12   Lucas 11,5-13
Juan 12,44-50

También puede escogerse uno de los pasajes de la
página 26.

Silencio

No diga nada por un rato después de la lectura.

Respuesta

Lea la Visita al Sagrado Sacramento, página 32.

Himno

Pange Lingua - *Tantum Ergo*

Canta, oh lengua, el gran misterio
de la Sangre del Señor
y de su Cuerpo glorioso,
que en precio del mundo dio
aquel Rey de las Naciones,
que de María nació.

Fue engendrado de una Virgen
que jamás nadie tocó
y después que por el mundo
su Palabra difundió,
nos dejó en testamento su admirable Institución.

En la noche de la Cena,
junto a su pequeña grey,
cumplidos todos los ritos
como lo manda la ley,
entregóse en alimento
nuestro Dios y nuestro Rey.

Jesucristo, el Verbo eterno,
hecho hombre como Adán,
transforma en su Sangre el vino

y en su santo Cuerpo el pan.
¡Para el sentido un misterio, para la fe, realidad!

Adoremos, reverentes,
al Señor sacramentado.
Cante el rito del presente,
superior al del pasado.
Nuestros ojos lo contemplen
con filial, humilde fe.

Gloria al Padre, gloria al Hijo,
y al Espíritu Señor.
Al Dios santo uno y trino,
alabanza y bendición.
Suba al cielo en testimonio
el incienso del amor.

Bendición

Oración

Señor, que nos dejaste el memorial de tu pasión en este admirable sacramento: concédenos venerar de tal modo los sagrados misterios de tu Cuerpo y de tu Sangre, que podamos experimentar siempre en nosotros los frutos de tu redención. Tú que vives y reinas por los siglos de los siglos.

R. Amén.

Rito de Conclusión

Alabanzas

Bendito sea Dios.

Bendito sea tu santo Nombre.

Bendito sea Jesucristo, verdadero Dios
  y verdadero Hombre.

Bendito sea el Nombre de Jesús.

Bendito sea su Sagrado Corazón.

Bendita sea su Preciosa Sangre.

Bendito sea Jesús en el Santísimo Sacramento del Altar.

Bendito sea el Espíritu Santo Consolador.

Bendita sea la incomparable Madre de Dios,
  la Santísima Virgen María.

Bendita sea su Santa e Inmaculada Concepción.

Bendita sea su gloriosa Asunción.

Bendito sea el Nombre de María, Virgen y Madre.

Bendito sea san José, su casto Esposo.

Bendito sea Dios en sus Angeles y en sus Santos.

Canto de Simón

Señor, ahora, ya puedes dejar
que tu servidor muera en paz,
como le has dicho.
Porque mis ojos
han visto a tu Salvador

que tú preparaste
para presentarlo
a todas las naciones.
Luz para iluminar
a todos los pueblos
y gloria de tu pueblo, Israel.

Oración para un
retiro o una misión

Dios amó tanto al mundo que nos dió a su único Hijo para que el que crea en él no muera sino tenga vida eterna.

Señor Jesucristo, eres la Luz del mundo. Abre nuestros ojos para que podamos percibir tu presencia en el mundo. Abre nuestras bocas para que proclamemos tu Evangelio. Abre nuestros corazones para que te amemos.

Ayúdanos a hacerte caso cuando nos guíes por las veredas de la vida. Cuando hayamos escuchado oraciones y homilías que proclaman tu Santa Palabra, aléjanos de nuestras tinieblas y a acercarnos a ti, la fuente de luz y compasión. Que mediante el poder de tu Espíritu Santo seamos herramientas de paz y de amor. Amén.

Made in the USA
Monee, IL
07 July 2026

9F379255

COCO CHANEL
CONTINUACIÓN

Los momentos culmen
de la vida de la diseñadora

Por Sandrine Papleux
Traducido por Marina Martín Serra

Historia   en50MINUTOS.es

50MINUTOS.ES

Si quieres ampliar tus conocimientos pero tienes poco tiempo… ¡50 Minutos es para ti!

En menos de una hora, descubre todos los secretos de un tema en concreto. Puedes elegir entre colecciones tan variadas como:

- **Historia**, para descubrir las claves que han marcado el rumbo del mundo.
- **Economía y empresa**, para entender las principales teorías y conceptos que rigen el mundo económico.
- **Coaching**, para sacar el máximo partido a tus capacidades tanto a nivel personal como profesional.
- **Arte y literatura**, para descubrir todo aquello que siempre quisiste saber sobre el mundo de las humanidades.
- **Salud y bienestar**, para explorar nuevos horizontes que mejorarán tu calidad de vida.
- **Book Review**, para estar al corriente de todos los superventas que te ayudarán a triunfar.

Nuestras obras, escritas de forma clara y práctica, te abrirán las puertas del conocimiento en un abrir y cerrar de ojos y te ayudarán a triunfar en la vida y ser más feliz.

COCO CHANEL

- **¿Nacimiento?** El 19 de agosto de 1883 en Saumur (Maine-et-Loire), Francia.
- **¿Muerte?** El 10 de enero de 1971 en París.
- **¿Principales aportaciones?** La brillante diseñadora vanguardista Coco Chanel contribuyó a la liberación de la vestimenta femenina y creó un imperio en la alta costura.

¿Quién habría podido imaginar que Gabrielle Chanel, una joven huérfana y pobre destinada a ser una costurera anónima, se convertiría un día en una leyenda de la moda? Gabrielle vivió los días más oscuros de la historia del siglo XX —desde sus dos guerras hasta la Gran Depresión— y supo identificar las necesidades de su tiempo: intentó simplificar el vestuario femenino e hizo que sus prendas fueran más agradables de llevar. Oportunista, determinada e intransigente, nunca retrocedió ante nada ni nadie, y se esforzó mucho para salir de su condición precaria y alcanzar un nivel social más alto. A menudo, decía: «Si naciste sin alas, no

hagas nada para evitar que crezcan» (Valdés 2016).

Sin hacer caso de lo que la sociedad considera que es apropiado en ese tiempo y para la mujer, vivió según sus propias reglas y supo liberarse del patriarcado e ir más allá de las barreras de su propia condición. En el siglo XX Gabrielle Chanel, llamada Coco, es la primera mujer que crea un imperio en la alta costura. Con la frase que pronunció una noche, «Que mi leyenda siga su camino, le deseo buena y larga vida» (Inside Chanel 2017), no podía estar más cerca de la realidad.

¿SABÍAS QUE...?

La tradición dice que el apodo de Coco viene de la canción que Gabrielle cantaba cada tarde en la Rotonde, *Qui qu'a vu Coco dans l'Trocadéro?* (que en español se traduciría por «¿Quién ha visto a Coco en el Trocadero?»). Sin embargo, también podría ser el diminutivo de «Cocotte», una palabra que en francés a menudo se asocia con las mujeres que

cuidan su imagen.

BIOGRAFÍA

| Retrato de Coco Chanel por Boris Lipnitzki.

LA TRANSFORMACIÓN DE GABRIELLE EN COCO

Gabrielle Bonheur Chanel nace el 19 de agosto de 1883 en Saumur (Maine-et-Loire). Hija de padre comerciante o vendedor ambulante y de madre lavandera y planchadora, la infancia de Gabrielle, marcada por la pobreza, es difícil: cuando tan solo tiene 12 años, su madre muere —a la edad de 33

años—, y la envían al orfanato de la abadía cisterciense de Aubazine en Corrèze, junto con sus hermanas Julia-Berthe (1882-1912) y Antoinette (1887-1919). Gabrielle siempre dirá que su padre se marchó a América para enriquecerse pero, sea como fuere, nunca más volverán a verse.

Durante los seis años que pasa en un orfanato, Gabrielle aprende los rudimentos de la costura. A continuación, estudia en el instituto Notre-Dame de Moulins, donde perfecciona sus habilidades para la profesión de costurera y se encuentra con su tía Adrienne. Con ella, en 1903 entrará como costurera en Casa Grampayre, un taller especializado en ajuar y canastillas. Gabrielle, que cose durante todo el día, se distrae cantando por la tarde frente a un público de militares en la Rotonde, donde conocerá a Étienne Balsan (1878-1953), un rico propietario de caballos de carreras, su futuro amante. Más adelante, se mudará con él a su castillo de Royallieu, en Compiègne.

DE BALSAN A CAPEL: EL DESPE-GUE HACIA LA LIBERTAD

En Royalliue, Coco sobresale porque se niega a montar a caballo a la amazona y porque la ropa que lleva está inspirada en la vestimenta masculina. Los sombreros que confecciona tampoco pasan desapercibidos, gracias a su simplicidad: Coco acaba con los sombreros voluminosos y empieza a llevarlos muy bajos en la frente. Émilienne d'Alençon (1869-1946), bailarina de cabaret, cortesana y amiga de Balsan, le compra uno y lo lleva durante una carrera de hípica: todas las miradas de las damas de la alta sociedad se ponen sobre ella.

Asimismo, en esta época conoce al que se convertirá en el amor de su vida: el inglés Arthur Capel (1881-1919), apodado Boy, un hombre hecho a sí mismo. Aunque con Balsan descubre el universo de la equitación y aprende las reglas mundanas de la alta sociedad, alzará el vuelo con Capel. Tras rendirse a sus encantos, deja a Balsan y

se marcha para vivir con Boy. Gracias a los fondos que le presta su nuevo amado, puede abrir su primera *boutique* de sombreros en París, en el número 21 de la calle Cambon: es el comienzo de Chanel Modes. Tres años después, en 1913, se abre otra tienda en Deauville, en la que Coco desarrolla una moda simple, flexible y funcional, adaptada a la playa.

LA PRIMERA GUERRA MUNDIAL: LA SUERTE EMPIEZA A SONREÍR

Cuando se anuncia la guerra, muchas mujeres de la alta sociedad y de la burguesía se van a refugiar en Deauville. Ante el horror del conflicto y el racionamiento de los materiales textiles, la ropa opulenta se considera indecente, dando paso a la sobriedad. Aunque la *boutique* de París cierra sus puertas, Chanel aprovecha la coyuntura para mantener abierta la de Deauville. A causa de la falta de mano de obra doméstica y de la

participación de las mujeres en el esfuerzo de guerra, la ropa debe ser cómoda. Coco entiende estas necesidades a la perfección: su estilo, elegante y funcional, responde a la perfección a esta demanda. Su éxito es absoluto y, en 1915, se produce la apertura de una tercera *boutique* en Biarritz.

Cuando acaba la guerra, en noviembre de 1918, Chanel domina el mercado de la moda y dispone de una *boutique* que abre sus puertas en el número 31 de la calle Cambon. Sin embargo, la felicidad de esa época queda truncada en 1919, primero a causa de la muerte de Boy Capel, que sumirá a Coco en el desconsuelo, y pocos meses después a causa del fallecimiento de su hermana Antoinette.

¿SABÍAS QUE...?

Coco Chanel —que a menudo se hace llamar Mademoiselle— muestra con orgullo su pelo corto, aunque la moda exigiría que lo llevara largo. Sin embargo,

Chanel no eligió realmente llevarlo así; según lo que dice, se habría tratado de un accidente: mientras se arreglaba para pasar una velada en la ópera, su calentador explotó y expulsó una gran cantidad de hollín que le cubrió el pelo. Inmediatamente después, Coco se los cortó, haciendo caso omiso de los criterios de belleza de la época.

EL IMPERIO SE FORTALECE

El París de la posguerra está dominado por la cultura, las artes y la moda. En ese momento, Chanel conoce a los mayores artistas de la época gracias a su gran amiga Misia Sert (1872-1950): Diaghilev (mecenas ruso, 1872-1929), Ravel (compositor francés, 1875-1937), Picasso (pintor, grabador y escultor español, 1881-1973), e incluso Cocteau (escritor y cineasta francés, 1889-1963). Es un buen momento para Coco, que crea trajes para Dullin (actor y director francés, 1885-1949) y también para Cocteau, además de financiar el balé *La consagración de la primavera*, de

Stravinsky (compositor ruso, 1882-1971). En lo que se refiere al corazón, inicia un romance con Diaghilev y luego con Dimitri Pávlovich (experto en aerodinámica ruso, 1882-1962), que le da la inspiración del estilo ruso y del perfume Chanel N.º 5. Asimismo, será amante del poeta Pierre Reverdy (1889-1960) y del diseñador Paul Iribe (1883-1935). Sin embargo, no se enamorará de nuevo hasta que conozca al segundo duque de Westminster Hugh Grosvenor (1879-1953), cuyo armario le servirá de inspiración para inventar el estilo inglés.

En 1926, Coco hace historia al proponer el vestido corto negro, un color que hasta ese momento estaba asociado con el luto y con los trabajos domésticos. El imperio de Chanel continúa prosperando durante los años veinte y sobrevive al crac bursátil de 1929. Alcanza una fama sin precedentes, hasta el punto de que le piden que vaya a los Estados Unidos para vestir a las estrellas más importantes de Hollywood. Cuando vuelve a París, elige instalarse en el Ritz.

LOS DÍAS NEGROS

Coco, tras haber dominado el panorama de la moda durante varias décadas, verá peligrar su felicidad durante los años treinta, ya que aparecerá una importante competidora para ella: la estilista Elsa Schiaparelli (1890-1973). Ambas mujeres experimentan un odio mutuo, y se adentran en una guerra abierta para obtener el título de reina de la moda.

| Retrato de Elsa Schiaparelli por Cecil Beaton, 1928.

A continuación, sufre las consecuencias de la revuelta social: en 1936, sus trabajadoras quieren obtener mejores condiciones labo-

rales e inician una huelga que, aunque es una afrenta para Coco, conseguirá su objetivo, ya que Mademoiselle termina cediendo. Tres años después, Europa vuelve a sumirse en los horrores de la guerra mundial (1939-1945), y Mademoiselle prefiere cerrar sus talleres y la mayor parte de sus *boutiques*. Durante la Ocupación, conoce a Hans Günther von Dincklage (1896-1974), y comienza un apasionado amorío con él. El hombre, agregado de la embajada alemana en París, también es espía para la Abwehr (servicios de inteligencia alemanes) y pone en contacto a Coco con los servicios secretos nazis. Tras la liberación de París en 1944, Coco se exilia en Suiza para evitar ser perseguida por colaboracionismo.

CHANEL: EL RETORNO

Desde el exilio de Chanel, la moda pasa de nuevo a manos de los hombres, que embuten a las mujeres en corsés y ligas y las encarcelan debajo de enaguas. Para Coco, se trata de un ultraje.

Después de años de ausencia, con 70 años vuelve a abrir sus talleres en París y trabaja en una nueva colección que no será bien recibida por la prensa europea. Su salvación vendrá de los Estados Unidos, que halagarán su bolso acolchado 2.55, sus zapatos bicolores, su perfume Chanel N.º 19 y su famoso traje de *tweed*. Aunque Coco se mantiene discreta durante los años sesenta y la Revolución *hippie*, sigue trabajando igual. Sin embargo, no verá el desfile de su última colección ni el reconocimiento de la crítica: Mademoiselle muere el 10 de enero de 1971, a la edad de 87 años. Es enterrada en Lausana (Suiza), en el cementerio de Bois-de-Vaux, en una tumba diseñada por ella misma.

| Retrato de Coco Chanel en las Tullerías por
Willy Rizzo, 1957.

CONTEXTO

La vida de Coco Chanel está influida por los grandes acontecimientos del siglo XX: Mademoiselle vivirá las dos guerras mundiales, los años locos y la Gran Depresión.

LA PRIMERA GUERRA MUNDIAL

En el siglo XIX, tras los conflictos que asolan Europa, las principales potencias europeas empiezan una carrera armamentística para fortalecer su dispositivo militar. Entonces, entre las grandes potencias se crea un clima de tensión.

El 28 de junio de 1914, el heredero al trono austrohúngaro y su esposa son asesinados en Sarajevo por un nacionalista serbio de Bosnia: es la chispa que encenderá la mecha. Austria-Hungría acusa a Serbia injustamente del asesinato y le declara una guerra preventiva. Mediante el mecanismo de las alianzas diplomáticas, las grandes potencias europeas van entrando en el conflicto. Alemania, Austria-Hungría e Italia forman la Triple Alianza, mientras que Francia, el

Reino Unido y la Rusia imperial se unen para formar la Triple Entente.

El primer año de la guerra está marcado por una serie de ofensivas rápidas y sangrientas. En el frente oriental, Rusia se enfrenta al ejército alemán y logra penetrar en Prusia Oriental, mientras Austria-Hungría sufre una derrota en Serbia. En el frente occidental, se produce la Carrera al Mar, con el fin de hacerse con el control de los puertos. El ejército alemán queda bloqueado en el frente de Flandes por el ataque de los Aliados en Ypres. La situación parece estancarse, por lo que los soldados se entierran en trincheras y, durante un año, las tropas están frente a frente y se lanzan ofensivas mortíferas. Ambos bandos sufren las duras consecuencias de la penosa vida en las trincheras: las municiones escasean y el número de bajas es importante. Además, de forma progresiva, el conflicto se hace global: Japón e Italia, aunque inicialmente son miembros de la Triple Alianza, se acaban sumando a la Triple Entente, y el Imperio otomano declara

la guerra a Rusia y sus aliados.

| Foto tomada en las trincheras alemanas, en el frente del Aisne.

La guerra, que debía durar poco, se eterniza, y los soldados están cansados. Algunos se sublevan en Rusia, y se producen altercados en las sociedades: se oye el sonido de la re-volución. Francia y el Reino Unido implican a sus colonias en el conflicto y los refuerzos estadounidenses de hombres y material intervienen para ganar la guerra. Rusia, que ya no puede sostener el esfuerzo, firma un

tratado de paz con Alemania en marzo de 1918. Entonces, el ejército alemán mueve a sus fuerzas del frente oriental hacia el frente occidental, donde cruzan el Marne. El ejército francés, con la ayuda de sus aliados, lanza una serie de contraataques que tienen resultados devastadores para el ejército alemán. Este último acaba capitulando y, finalmente, se firma el armisticio el 11 de noviembre de 1918.

Al final de la guerra, Europa se enfrenta a unas consecuencias económicas y sociales sin precedentes: el balance de víctimas es muy elevado, con más de 9 millones de muertos y 6 millones de personas inválidas; asimismo, a la producción industrial y agrícola, que estaba totalmente centrada en la guerra, le cuesta reactivarse.

EL PAPEL DE LAS MUJERES EN LA GUERRA

Con la guerra y el envío de hombres al frente, el día a día de las mujeres

se ve alterado: además de su papel tradicional de madres y esposas, tienen que asumir nuevas responsabilidades en sectores que, hasta ese momento, estaban reservados para los hombres. En el campo, tienen que llevar a cabo las tareas agrícolas. Asimismo, muchas trabajan como enfermeras en los hospitales, asisten a los médicos en los campos de batalla o trabajan en las fábricas de municiones. Aunque para algunas estos trabajos serán los primeros pasos hacia la emancipación, para la mayoría de ellas la posguerra implicará volver al lugar que ocupaban antes.

EL PERIODO DE ENTRE GUERRAS

Los años locos

Al final del conflicto, un movimiento de euforia se adueña de la Europa de los vencedores. La sociedad recupera el placer de divertirse y vuelve a mostrar interés por la

cultura. Además, la presencia estadounidense en el Viejo Continente conlleva una renovación cultural. En París, nace una verdadera pasión por los Estados Unidos y su modo de vida: el charlestón y el *jazz* pronto irrumpen en todos los cabarés. En poco tiempo, París se convierte en la capital de las artes y en un lugar de encuentro de los artistas e intelectuales.

Aunque los años locos aún están caracterizados por una cultura de las élites, en paralelo surge otra cultura, llamada popular: el deporte tiene mucho éxito entre las clases obreras; aparecen nuevos artistas-cantantes y las revistas de *music hall* se dirigen a un público cada vez más numeroso. Aunque la época está dominada por la efervescencia, la despreocupación y el placer, también está marcada por una cierta prosperidad y por un fuerte crecimiento económico, ya que la aparición de nuevos productos y servicios en el mercado estimula la economía. Sin embargo, el crac de 1929 pronto marcará el fin de este periodo.

| Joséphine Baker baila charlestón en el
Folies-Bergère en 1926.

La Gran Depresión

En la primavera de 1929, la economía de los Estados Unidos se ve perjudicada: la producción automovilística y agrícola se desacelera; los beneficios de las empresas caen, lo que preocupa a los accionistas y a los bancos que, aun así, siguen ofreciendo préstamos. La cotización de algunas acciones sube de forma drástica. El jueves 24 de octubre de 1929, se registran importantes ventas de acciones en Wall Street, que causan el colapso del mercado de valores y, poco a poco, los bancos estadounidenses quiebran.

La depresión también afecta a Europa, que tiene que devolver los préstamos que los bancos de los Estados Unidos le concedieron para su reconstrucción. En muchos países, las consecuencias del crac darán lugar a una devaluación de la moneda, a un aumento del desempleo y de la pobreza y a la inestabilidad política. En Francia, sus efectos se palparán un poco más tarde (1931), pero la crisis se ve agravada por la agitación política:

la bajada de los precios y de los salarios decidida por el Gobierno provoca disturbios dirigidos por los movimientos de derechas. Como respuesta, los partidos de izquierdas se organizan en un frente popular y ganan las elecciones legislativas de 1936, lo que comportará que, en mayo del mismo año, se produzca una huelga que paralizará todo el país.

LA SEGUNDA GUERRA MUNDIAL

Los diversos tratados de paz que ponen fin a la Primera Guerra Mundial conducen a la frustración y al deseo de reconquista de los vencidos. Este resentimiento se ve agravado por los efectos de la Gran Depresión, que lleva a algunos Estados a adoptar medidas proteccionistas en el plano económico para las democracias y en el plano militar para las dictaduras fascistas. Este deseo expansionista de la Alemania nazi y del régimen fascista italiano sumergirá a Europa en un conflicto que involucrará a casi todas las

naciones del mundo.

Por orden de Hitler (1889-1945), el ejército del Tercer Reich invade Polonia el 1 de septiembre de 1939. A continuación, los alemanes toman Noruega, Dinamarca, los Países Bajos, Luxemburgo y Bélgica, lo que provoca la entrada en la guerra de Francia y el Reino Unido. Tras la invasión de Francia, la mayoría de los territorios europeos se encuentran bajo el yugo del Eje (la Alemania nazi y la Italia fascista).

LA COLABORACIÓN EN FRANCIA

A partir de junio de 1940, el Gobierno de Vichy pone en marcha una política de colaboración. A través de un mensaje difundido por radio, el mariscal Pétain (1856-1951) anima a los franceses a colaborar con el ocupante. Esta colaboración se manifiesta de varias maneras, que van desde las detenciones de resistentes y de opositores políticos hasta la creación de una milicia francesa que sustituye a la Gestapo. En 1943, apare-

cen las leyes antisemitas que facilitarán las expulsiones y las deportaciones de los judíos, así como las expoliaciones de bienes materiales y de sus comercios. Algunos franceses, impulsados por miedo o por convicción, colaboran con los ocupantes durante la Ocupación, y unos cuantos incluso se convierten en agentes para la Abwehr. Durante la Liberación, Francia vive un periodo de purga en el que la población arremete contra los colaboradores, a veces de forma violenta.

En 1941, Hitler ordena que se invada la Unión Soviética, aunque las dos potencias habían establecido un pacto de no agresión. Eso provoca la entrada inmediata de los soviéticos al bando de los Aliados. En el mismo momento, en Asia, la negación de Japón a liberar los territorios ocupados incita a los Estados Unidos a declarar un embargo sobre el petróleo. Como respuesta, el emperador japonés da luz verde al ataque de Pearl Harbor (7 de diciembre de 1941),

que provocará la entrada en guerra de los Estados Unidos. En ese momento, la mayor parte de las naciones del mundo están implicadas en el conflicto, que terminará con la rendición incondicional del Tercer Reich (el 8 de mayo de 1945) y con la de Japón (2 de septiembre de 1945), tras el bombardeo nuclear de Hiroshima y de Nagasaki a manos del ejército estadounidense.

Esta guerra absoluta, que elimina la diferencia entre la esfera civil y militar, será el conflicto armado más sangriento y con mayor alcance que jamás haya vivido la humanidad.

| Foto de la explosión nuclear sobre Nagasaki.

MOMENTOS CLAVE

La ambición de Chanel siempre será salir de su condición para ascender socialmente, y no habrá nada que haga que se aleje de su objetivo. Los momentos clave de Coco están marcados tanto por los hombres que conoce y a los que ama como por la actualidad.

LOS INICIOS DE COCO

En la fuente de su inspiración: la abadía de Aubazine

| La abadía de Aubazine.

La arquitectura sobria de la abadía cisterciense de Aubazine habría inspirado a Coco Chanel para crear su ropa con líneas depuradas. Asimismo, Coco se habría inspirado en los uniformes de las monjas, tomando su austeridad y el blanco y negro, colores que le gustan de un modo especial. La exuberancia de los objetos religiosos la fascina y despierta su atracción por el oro y las piedras preciosas. Así, su logo estaría inspirado en las letras C entrelazadas de las vidrieras abaciales.

Los inicios de la gran aventura: Arthur Capel y Chanel Modes

Boy Capel es el primer amor de Gabrielle Chanel. Su relación durará diez años durante los que la joven se codeará con pintores, actores y escritores. Es el primero en creer en ella de verdad, e incluso llega a prestarle los fondos necesarios para que pueda empezar en el mundo de la moda. En 1910 se abre Chanel Modes en París, donde Coco crea sombreros simples, más ligeros, más

elegantes, sin plumas ni extravagancias, que compra en las galerías Lafayette antes de transformarlos. Sus primeras clientas son las mujeres galantes, amigas y conocidas de Royallieu, al menos hasta que la actriz Gabrielle Dorziat (1880-1979) es fotografiada en el escenario con uno de sus sombreros. Pronto todo París llevará sus confecciones y Chanel Modes se convertirá en un negocio rentable.

Durante una estancia en Deauville, Arthur Capel se da cuenta de que la localidad balnearia, lugar de vacaciones de los ricos, sería un mercado interesante para Coco. Por consiguiente, le alquila una tienda frente al mar. Boy no se equivocaba: en Deauville, Coco cosecha su primer éxito como diseñadora de moda. Allí, lanza su primer vestido de punto inglés con un corte ancho que hace que el corsé sea superfluo y que, según cuenta la leyenda, habría entallado a partir de un suéter de su amante. Sin embargo, son pocas las mujeres de esa época que se atreven a usar este tipo de vestido. La mentalidad no evo-

lucionará hasta la Primera Guerra Mundial, con la escasez de tejidos y la falta de mano de obra doméstica resultantes de ella. Coco Chanel se da cuenta de esto y crea prendas sencillas y prácticas, más adecuadas a las condiciones del momento. Para lograrlo, utilizará el punto, un tejido que no está entre los racionados y que resulta ser barato y flexible. Además de eso, logra imponer la chaqueta de punto, la chaqueta abotonada y la marinera, una camiseta con rayas horizontales de dos colores inspirada en los marineros. Chanel se atreve con todo: el estilo andrógino, el pelo corto y la tez bronceada. Rápidamente, la gente adopta su *look*, que se extiende por todo el país. Valiéndose de este éxito, Chanel, que todavía recibe ayuda financiera de Capel, abre una tercera tienda en Biarritz.

Al final de la guerra, Chanel tiene varias casas de moda y emplea a más de 300 trabajadoras. Con el objetivo de dejar de ser una mujer mantenida, le devuelve todo el dinero prestado a Capel. Aunque esto marca el final

de su colaboración, su amistad durará hasta la muerte de Boy en 1919. Para no sucumbir a la tristeza, Coco se vuelve a sumergir en el trabajo.

LA CONSOLIDACIÓN DE SU IMPERIO

La influencia rusa: Dimitri Pavlóvich y Chanel N.º 5

En 1920, Chanel conoce al gran duque de Rusia Dimitri Pavlóvich, uno de los únicos Romanov supervivientes de la masacre de la Revolución bolchevique. Pavlóvich se convierte en su amante y le presenta a su hermana y a sus amigos. A su lado, Coco descubrirá la cultura eslava, que influirá en sus creaciones: tomará la *roubachka* (una blusa típica que llevan las campesinas rusas), las pellizas (abrigos forrados de piel), las joyas bizantinas y las pieles. En las prendas que confecciona también resalta los motivos folclóricos eslavos, hechos con perlas y bordados, cuya elaboración se confía a la casa Kitmir, dirigida por la hermana del duque: la gran duquesa María Pávlovna (1890-1958).

| Coco y el gran duque de Rusia.

Durante un viaje a Grasse (departamento de los Alpes Marítimos), Dimitri le presenta a Ernest Beaux, perfumista francés que trabaja para la corte de Rusia, con el que Coco imaginará una fragancia inimitable, sobria y elegante, «un perfume de mujer con olor a mujer», como tan acertadamente lo define ella (La Voz de Galicia 2013). El perfume, llamado Chanel N.º 5, trastorna los códigos de

la perfumería: si en la perfumería del siglo XIX era característico el uso del perfume de una sola nota (una única fragancia), Coco prefiere usar un conjunto de 80 aromas entre los que destaca el jazmín de Grasse, la rosa de mayo, el sándalo de Mysore, el ylang ylang de las Comoras y el vetiver de Borbón. Para que los olores duren más, Ernest Beaux añade aldehídos, cuerpos sintéticos derivados de los hidrocarburos que en ese momento se utilizan muy poco. El perfume se lanza el 5 de mayo de 1921 y tendrá un gran éxito en Europa cuando, en 1924, Chanel se asociará con los hermanos Wertheimer —directores de los cosméticos Bourjois— y fundará la compañía Les Parfums Chanel, de la que solamente poseerá una pequeña parte. Después de la Segunda Guerra Mundial, cuando los soldados estadounidenses regresan a su país, el perfume se exporta al otro lado del Atlántico. En 1952, Marilyn Monroe (1926-1962) hará de él una leyenda al confesar que para dormir solamente usa su Chanel N.º 5. El perfume por sí solo le

hará ganar millones a Coco y, aunque creará otros, Chanel N.º 5 seguirá siendo siempre el emblema de la casa.

| Botella del perfume Chanel N.º 5.

El *look* inglés: el segundo duque de Westminster y los diamantes

En 1923, Chanel conoce en Montecarlo a Hugh Grosvenor, un aristócrata británico que se convertirá en su segundo gran amor verdadero y con quien mantendrá una relación que durará seis años. Durante el tiempo en el que están juntos, Grosvenor la lleva a sus propiedades inglesas y a sus castillos, la invita a sus yates, le ofrece joyas adornadas con piedras preciosas que Chanel desmonta y vuelve a montar para crear joyas únicas, y

collares de perlas que se convertirán en la firma de Mademoiselle.

Del estilo inglés, Chanel adopta el corte recto de las chaquetas de *tweed* que usan los *gentlemen*, así como su suéter y el chaleco de sus criados. Asimismo, se apropia de la marinera de punto, de los pantalones con cinturón y de la boina de la tripulación del yate del duque, y los adapta para que entren en el armario de las mujeres.

| Coco Chanel con marinera y pantalón con cinturón, 1928.

En esta época, Chanel cultiva su gusto por las joyas, las piedras y los strass. En 1932, expone una primera y única colección de alta

joyería. Entre la gran variedad de piedras preciosas, Coco se decanta por el diamante: «He elegido el diamante porque representa el valor más grande en el volúmen [*sic*] más pequeño» (González 2013). Para la ocasión, crea joyas en forma de estrella, de sol, de constelaciones y de plumas, aligerando los engastes al máximo, abriendo los collares y los anillos y suprimiendo los cierres. Su colección triunfa.

¿SABÍAS QUE...?

El segundo duque de Westminster se mueve dentro del círculo de la aristocracia británica, y es un gran amigo de Winston Churchill (estadista británico, 1874-1965). Gracias a él, Coco Chanel coincide varias veces con el que acabará siendo primer ministro de Gran Bretaña.

LOS AÑOS PROBLEMÁTICOS Y LOS DÍAS GRISES

La guerra de las creadoras: Coco Chanel frente a Elsa Schiaparelli

Desde la Primera Guerra Mundial, el panorama de la moda está dominado únicamente por Coco Chanel. Sin embargo, hacia finales de los años veinte Mademoiselle ve amenazada su posición por Elsa Schiaparelli. Durante más de una década, ambas mujeres luchan en una guerra feroz en la que Coco intentará conservar su título de reina de la moda a cualquier precio, mientras que Schiaparelli intentará arrebatárselo.

| Helen Bennett (actriz estadounidense, 1911-2001) con una boina Schiaparelli, 1937.

El estilo de las dos diseñadoras difiere significativamente, lo que acentúa aún más la rivalidad entre las dos mujeres.

Schiaparelli, que colabora con los mayores artistas de la época —como Jean Cocteau, Alberto Giacometti (1901-1966) o Salvador Dalí (1904-1989)—, introduce una dimensión surrealista en sus colecciones. Mientras que Coco odia los artificios y la ropa y los accesorios extravagantes, Schiaparelli adora la fantasía: crea sombreros con forma de escarpín, vestidos mariposa, zapatos con pelo y se atreve con los colores vivos como el rosa, su color favorito. En 1936, lanza el perfume Shocking, cuya botella representa el torso de una mujer, lo que provoca un escándalo. A pesar de eso, de París a Nueva York, Schiaparelli es aclamada por la crítica y, además, aparecerá en la portada del *Times Magazine*, convirtiéndose en la primera diseñadora en lograrlo. Chanel está molesta, pero los acontecimientos del momento harán que pronto se olvide de esta afrenta.

Las revueltas sociales: Coco frente a las reivindicaciones obreras

En efecto, en abril de 1936, el Frente Popular entra en el Gobierno. Mientras que su programa electoral promete a los trabajadores vacaciones remuneradas y la semana laboral de 40 horas, se declara una huelga general en toda Francia que afectará también a la industria textil. En junio del mismo año, Chanel, que dirige a casi 3500 trabajadoras, descubre piquetes delante de sus talleres. Gabrielle, que sabe lo que es vivir en la pobreza, no puede tolerar que otros vivan en la misma situación. Sin embargo, cree que los salarios que paga ya son más altos que los que los empleados pueden obtener en otros lugares. Entonces, empieza una batalla entre las trabajadoras y Mademoiselle. Aunque en un primer momento Chanel planea despedir a todo aquel que se niegue a aceptar sus condiciones, acaba cediendo, siguiendo el consejo de su abogado y a causa de la presión generada por el lanzamiento de la colección de otoño.

No obstante, tres años después, se dibuja en el horizonte la amenaza de una guerra de una naturaleza distinta. Bajo la presión alemana, Chanel cierra sus talleres y se retira de la vida pública. En 1940, los alemanes toman París y se apoderan del Ritz. Coco, que se había exiliado en un pequeño pueblo francés después de los bombardeos de la capital, se aburre. Es hora de volver a París.

El lado oscuro de Coco: Dincklage y la colaboración

Durante la ocupación alemana, la vida parisina vuelve a la normalidad en cierto modo: se vuelven a abrir los teatros, los cines y las *boutiques*; se organizan nuevos desfiles de moda; y, además, la élite parisina multiplica sus salidas y sus cenas en restaurantes. En este contexto, Chanel instala sus apartamentos en el Ritz, que se ha convertido en sede de los oficiales de la Wehrmacht (ejército alemán) y en lugar de veraneo de los privilegiados. Allí, Chanel conocerá a Hans Günther von Dincklage —apodado Spatz—,

miembro de la embajada alemana en París y espía por cuenta de la Abwehr. Spatz es un hombre encantador y culto, domina el francés y el inglés a la perfección y es distinguido, una característica que Chanel busca en los hombres. Se convierten en amantes.

Durante la relación que mantienen, Dincklage pone a Chanel en contacto con los dignatarios nazis en París y en Berlín. Mediante estos encuentros, Coco desea sobre todo conseguir liberar a su sobrino André Palasse, al que había cuidado tras la muerte de su hermana Julia. André había sido capturado en 1940 en la línea Maginot, y lo habían encarcelado en un campo alemán. Para conseguir que la Abwehr lo ponga en libertad, Chanel deberá realizar labores de espionaje para ella a cambio: a partir de 1941 y con 57 años, Chanel pasa a ser su agente F-7124, nombre en código de Westminster (en referencia a su antiguo amante, el duque).

¿Sabías que...?

Con la colaboración con los nazis, Chanel también ve la oportunidad de recuperar la industria de Les Perfums Chanel, de los que solamente posee el 10 %, y de poder acabar con la colaboración que la vincula con Pierre Wertheimer (1892-1982) desde Chanel N.º 5. De hecho, Wertheimer es judío y se ve obligado a exiliarse en los Estados Unidos cuando, en 1943, el Gobierno de Vichy crea una comisión antisemita para identificar a las industrias que están en manos de judíos. Además, Coco aprovecha la coyuntura para recurrir a la comisión, pero será en vano: Les Perfums Chanel seguirán en manos de Wertheimer. Después de librar una batalla jurídica durante varios años, Chanel y Wertheimer acabarán llegando a un acuerdo financiero en 1947: Chanel será indemnizada por los ingresos que ha dejado de percibir y la colaboración de ambos continuará.

En 1943, el Tercer Reich atraviesa un pésimo momento, y algunos dignatarios nazis empiezan a dudar de las posibilidades de que se produzca su victoria, considerando que Alemania debería firmar una paz separada con Gran Bretaña. En ese momento, se planea la Operación Modellhut («sombrero de modelo»), con el objetivo de entregar en secreto una carta para Churchill en la embajada inglesa de Madrid. Para ello, se requerirá la contribución de Coco, cuyo perfil es ideal para la misión, gracias a su antigua relación con el segundo duque de Westminster y a su amistad con Winston Churchill, que en aquel entonces es primer ministro. Para que la operación sea un éxito, Coco contará con la ayuda de una amiga, Vera Bate Lombardi (1883-1948). Sin embargo, Modellhut acaba siendo un fracaso: cuando llegan a Madrid, Lombardi acude a la embajada y denuncia a Chanel, mientras la diseñadora espera resultados en el Ritz. Asimismo, Churchill está muy enfermo, y Coco nunca obtendrá su cita.

En 1944, los Aliados liberan París y Francia. Chanel, acusada de colaboración, es detenida y sometida a un interrogatorio de tres horas tras el que, sin embargo, es puesta en libertad. Probablemente, el hecho de que no la condenen se debe a sus poderosos contactos y a la intervención de Churchill. Aunque queda libre de todo cargo, Mademoiselle prefiere exiliarse en Suiza, donde puede continuar su historia con Spatz.

EL REGRESO A FRANCIA Y LA CONSAGRACIÓN

Coco se aburre en el exilio, y su relación con Spatz acaba de terminar. Por consiguiente, decide que es hora de volver a subir al escenario. Sin embargo, durante su ausencia, la moda ha pasado a estar en manos de Christian Dior (1905-1957) y su New Look. Corsés, ligas, enaguas y otras formas abombadas así como los talles ajustados vuelven a aparecer para gran pesar de Coco, que se había decidido a eliminarlos para liberar a la mujer.

En 1954, a sus 71 años de edad, Chanel regresa a París, vuelve a abrir sus talleres y reconstituye a su personal. Fiel a su credo («Elegancia y simplicidad»), Chanel presenta una colección basada en el movimiento, el minimalismo y el corte recto, imponiendo de nuevo su silueta andrógina. Sin embargo, Coco fracasa por completo: la colección no es bien recibida por el público y los críticos la consideran anticuada y sin imaginación. Sin embargo, Chanel no se viene abajo y prepara una nueva colección.

| La modelo francesa Marie-Hélène Arnaud (1934-1986) con un traje chaqueta Chanel en 1957.

En enero de 1955, Coco presenta su famoso traje chaqueta de *tweed*. La parte de arriba,

inspirada en la ropa de los hombres, es recta y flexible para facilitar la libertad de movimiento y tiene cuatro bolsillos reales, botones y ojales, así como una fina cadena cosida al forro de seda que le asegura una caída perfecta. La falda cartera llega hasta las rodillas, y el conjunto se completa con una blusa de seda. Aunque la prensa europea se dedica a desdeñar el estilo Chanel, en Estados Unidos la prensa muestra otra opinión: *Vogue US* y *Life Magazine* alaban la colección, y pronto se les suma la prensa del mundo entero. El traje chaqueta de Chanel pronto es adoptado por las principales estrellas de cine y figuras políticas de la época y, en 1957, se produce la consagración de Coco: es galardonada con un Oscar de la moda en Dallas.

¿SABÍAS QUE...?

Jacqueline Kennedy es una de las clientas más fieles de la casa Chanel. En 1963, utiliza un traje chaqueta Chanel para acompañar a su marido, el presi-

dente John Fitzgerald Kennedy, durante una visita preelectoral en Dallas. Pocos minutos después del inicio de la visita, el presidente es asesinado y el precioso traje rosa queda manchado de la sangre de su marido, dejando una imagen que será un símbolo del acontecimiento.

Sin embargo, pronto los acontecimientos de Mayo del 68 y el movimiento *hippie* dominan la moda, y Chanel no puede aceptar ver a la juventud en minifalda y en pantalones vaqueros. Tiránica y cascarrabias, se aísla en su mundo hecho de pruebas y desfiles. El domingo 10 de enero de 1971, Gabrielle Bonheur Chanel se apaga a la edad de 87 años.

LA HERENCIA
DE CHANEL

EL CAMBIO PROFUNDO DE LOS CÓDIGOS ESTILÍSTICOS

En la Belle Époque, la ropa está diseñada por hombres; sin embargo, estos desconocen cómo se mueve el cuerpo femenino y acaban encerrando a las mujeres en corsés, al tiempo que las sobrecargan con muchos accesorios inútiles y con sombreros voluminosos y pesados que les impiden moverse con facilidad. Con el estallido de la guerra, Chanel se da cuenta de que las prendas de la época ya no están adaptadas a la nueva vida activa de las mujeres. En su opinión, la nueva mujer debe estar cómoda mientras realiza sus actividades cotidianas, por lo que modela su silueta haciendo que se desprenda del corsé, acorta las faldas y elimina los accesorios superfluos de sus prendas, ofreciendo una libertad de movimiento completamente innovadora.

Pero Chanel irá todavía más lejos: mezclará los códigos masculinos y femeninos, tomando las prendas más emblemáticas

del vestuario masculino y adaptándolas al guardarropa femenino. Así, veremos aparecer varios de sus modelos estrella: el traje de *tweed* y el pijama que puede usarse perfectamente tanto en la playa como durante una velada. Asimismo, Coco es la primera diseñadora que se atreve a usar pantalones y que populariza el pelo corto, dos símbolos que hasta entonces eran muy masculinos.

La moda actual le debe una última evolución estilística a Gabrielle Chanel: al lanzar su vestido negro corto, la diseñadora revoluciona los códigos del color. El negro, que hasta entonces estaba reservado al luto o a las tareas domésticas, se convierte en el color estrella de la elegancia y del refinamiento, que se puede transformar a merced de los accesorios. Sobre esto, Coco declarará que «el negro es el único color que hace destacar a la mujer» (Bott 2006). De por sí, Chanel es la primera estilista que le da una actitud moderna a las mujeres, permitiéndoles jugar con los códigos establecidos.

EL IMPERIO CHANEL Y LA REVOLUCIÓN DE UNA PROFESIÓN

Haciendo caso omiso de lo que la sociedad considera apropiado para las mujeres de su tiempo, Chanel vive siguiendo sus propias reglas. Después de la Primera Guerra Mundial, ya tiene tres *boutiques* de moda muy rentables que le permiten dejar de ser una mujer mantenida y ser la jefa de su empresa. Se trata de algo inédito en esa época, en la que la mujer veía limitado su papel al de buena madre y buena esposa.

Antes de alcanzar los cincuenta años, Chanel ya está a la cabeza de una empresa que cuenta con 4000 empleados que pueden realizar 28 000 pedidos al año. Cuando muere, deja tras ella un verdadero imperio, y una fortuna personal estimada en cerca de 15 millones de dólares. Hoy en día, la casa Chanel es uno de los mayores grupos del sector del lujo, con alrededor de 180 *boutiques* en todo el mundo. Chanel SA, la filial francesa del grupo con sede en Neuilly,

aporta cada año alrededor de dos mil millones de euros, además de los que factura Chanel INC. en los Estados Unidos y Chanel KK en Japón.

La casa debe su éxito a una larga serie de revoluciones e innovaciones que Chanel introduce en el mundo de la moda, y es que mediante la diversificación de las actividades y el público objetivo del diseñador, Gabrielle revoluciona por completo la profesión. Con Chanel N.º 5, Coco introduce el perfume en el mundo de la alta costura, mientras que hasta ese momento era competencia exclusiva del perfumista. La propia fragancia constituye una revolución por sí misma, ya que utiliza procesos químicos innovadores para la época. Consciente del éxito de la misma en Francia, Chanel recurre a la experiencia comercial de los hermanos Wertheimer para el lanzamiento internacional de su producto: de su asociación nace la empresa Les Parfums Chanel, que desarrollará nuevas fragancias.

La empresa Chanel gestiona con gran habilidad sus campañas de comunicación: así, en 1986 el N.º 5 se convierte en el primer perfume que aparece en un anuncio de televisión, que dirige Ridley Scott y cuenta con la presencia de la musa Carole Bouquet. El éxito es tan grande que, a partir de 1954, la marca Chanel se abre a la audiencia masculina con la fragancia Pour monsieur (1955). La polivalente Chanel hace lo propio con los accesorios, abriendo su primer taller de joyería de fantasía en 1924 y, a continuación, creando su primera colección de alta joyería llamada Bijoux de Diamants (joyas de diamantes) en 1932. Estos nuevos productos le ofrecen unos ingresos adicionales que puede reintroducir en las colecciones de alta costura.

En los años sesenta aparece una nueva forma de costura: el *prêt-à-porter*. Responde a un mercado de masas que pide ropa elegante pero que, al mismo tiempo, tenga un bajo coste. Aunque inicialmente Chanel no reconoce esta nueva tendencia, con el tiempo

se acabará dando cuenta de su importancia económica. El uso de textiles sintéticos que acaban de llegar al mercado y el control de los progresos técnicos permitirán que la casa Chanel abra sus colecciones a un público más amplio.

La fuerza de Chanel reside en el hecho de que controla toda la cadena de producción, desde el diseño de los modelos hasta su distribución. Emprendedora revolucionaria, su éxito no solo está basado en la creación de un producto y de su explotación, sino también en el aporte de innovaciones.

EN RESUMEN

1883

19 ag.: nacimiento de Coco Chanel

1903

Coco Chanel trabaja como costurera en la Casa Grampayre

1910

Apertura de Chanel Modes

1913

Apertura de una nueva *boutique* en Deauville

1914-1918

Primera Guerra Mundial

1915

Apertura de una nueva *boutique* en Biarritz

1918

Coco Chanel abre una *boutique* en París, en el número 31 de la calle Cambon

1921

Coco Chanel lanza su primer perfume, Chanel N.o 5

1924

Coco Chanel saca su primera colección de cosméticos

1926

Coco Chanel presenta el vestido negro corto

1936
Las trabajadoras de Coco Chanel inician una huelga

1939-1945
Segunda Guerra Mundial
Coco Chanel cierra sus talleres y la mayoría de sus *boutiques*

1944
Coco Chanel se exilia en Suiza

1954
Coco Chanel vuelve a París

1955
Coco Chanel lanza su famoso traje chaqueta de *tweed*

1971
10 en.: fallecimiento de Coco Chanel

- Tras la muerte de su madre, Gabrielle Chanel es enviada al orfanato de la abadía cisterciense de Aubazine en Corrèze, donde aprenderá a coser y despertará su

inspiración estilística.

- Gabrielle trabaja como costurera en Casa Grampayre, y por las tardes se distrae cantando en la Rotonde. Allí, conoce a Étienne Balsan, con el que empieza una relación. Se muda con él a Royallieu, donde el hombre le hace descubrir el universo ecuestre y la inicia en los rudimentos de la alta sociedad. Para mantenerse ocupada, Chanel confecciona gorros que causarán estupefacción. Boy Capel, un amigo de Balsan, cree en su potencial y le proporciona ayuda financiera para abrir una *boutique* en París.
- Durante la Primera Guerra Mundial, Chanel vuelve a poner de moda el punto y crea una línea de prendas que son simples, cómodas y elegantes a la vez. Las mujeres que se han vuelto activas durante la guerra quedan encantadas y, al final del conflicto, Coco domina el mercado de la moda. Sin embargo, en 1919 las muertes de Boy y de su hermana Antoinette afectarán mucho

a la diseñadora.

- De su encuentro con el gran duque Dimitri Pavlóvich nacen las colecciones con inspiración eslava y el perfume Chanel N.º 5, que Coco crea con la ayuda del perfumista Ernest Beaux, un amigo del duque. Ante el éxito cada vez mayor de este perfume atípico, Chanel se asocia con los hermanos Wertheimer, los directores de los cosméticos Bourjois. Juntos, fundan en 1924 Les Parfums Chanel, de los que Coco solamente poseerá una pequeña parte.
- Igualmente en 1924, Chanel empieza una relación con el segundo duque de Westminster. Inspirándose en los momentos que pasa con él, crea una colección de estilo inglés. En esta época, Chanel también descubre el gusto por las joyas y empieza a trabajar en una colección de alta joyería que presenta al público en 1932. La exposición sobre el tema del diamante es aplaudida por la crítica.
- Ante la inminencia de la Segunda Guerra

Mundial, Chanel debe cerrar sus casas de costura. Durante la guerra conoce a Hans Günther von Dincklage, que trabaja como espía y, por necesidad, ella también se convierte en espía para los nazis. En 1943, los dignatarios alemanes, de capa caída, planean la Operación Modellhut: le encargan a Coco que le entregue una propuesta de paz a Churchill. Sin embargo, la operación fracasa y, al final de la guerra, Chanel es detenida. Aunque finalmente queda libre sin cargos, decide exiliarse en Suiza.

- En 1954, Coco vuelve de su exilio, con 71 años. Presenta una nueva colección que choca por completo con el New Look de Christian Dior y que es mal recibida por el público. Sin embargo, Chanel no se rinde y trabaja con ahínco en una nueva colección que, esta vez, será aplaudida por la crítica estadounidense y significará un triunfo para Coco que, en 1957, verá la recompensa a su trabajo ganando un Oscar de

la moda.

- Los años subsiguientes desgastan a Chanel: se vuelve tiránica e irritable, y se aísla cada vez más. Finalmente, muere el 10 de enero de 1971 a la edad de 87 años, tras haber creado su última colección, cuyo desfile ya no podrá ver.

¡Tu opinión nos interesa!
¡Deja un comentario en la página web de tu librería en línea,
y comparte tus favoritos en las redes sociales!

PARA IR MÁS ALLÁ

FUENTES BIBLIOGRÁFICAS

- Baudot, François. 2000. *Chanel: Fine Jewelry*. Nueva York: Universe Publishing.
- Berstein, Serge y Pierre Milza. 1994. *Histoire du XXe siècle. 1900-1945*, tomo 1. París: Hatier/Hachette, colección *Initial*.
- Haedrich, Marcel. 1971. *Coco Chanel secrète*. París: Robert Laffont.
- Madsen, Alex. 1990. *Chanel: a Woman of Her Own*. Nueva York: Henry Holt and Company.
- Mauries, Patrick. 2000. *Les bijoux de Chanel*. París: Thames & Hudson.
- Meyer-Stabley, Bertrand. 2013. *12 couturières qui ont changé l'histoire*. París: Pygmalion, colección *12 Histoires*.
- Morand, Paul. 1976. *L'allure de Chanel*. París: Hermann.
- Vaughan, Hans. 2011. *Sleeping with the Enemy: Coco Chanel's Secret War*. Nueva York: Alfred A. Knopf.
- Wallis, Jeremy. 2002. *Coco Chanel*.

Chicago: Heinemann Library.

FUENTES COMPLEMENTARIAS

- AFP. 2013. "Chanel destapa el secreto de su perfume N.º 5 en una exposición en París". *La Voz de Galicia*. 3 de mayo. Consultado el 3 de marzo de 2017. http://www.lavozdegalicia.es/noticia/moda/2013/05/03/chanel-destapa-secreto-perfume-n-5-exposicion-paris/00031367604458248305851.htm
- Bott, Danièle. 2006. "Gabrielle Chanel savait qu'elle allait habiller toutes les femmes du siècle". *Le Journal des femmes*. Mayo. Consultado el 3 de marzo de 2017. http://www.journaldesfemmes.com/luxe/0605-chanel/interview.shtml
- Charle-Roux, Edmonde. 1974. *L'irrégulière ou mon itinéraire Chanel*. París: Grasset.
- Charle-Roux, Edmonde. 1979. *Le temps Chanel*. París: Éditions du Chêne.
- Gidel, Henry. 2002. *Coco Chanel*. París: J'ai

lu.

- González, Flora. 2013. "Diamantes en el firmamento de Coco Chanel". *Vogue*. 28 de enero. Consultado el 3 de marzo de 2017. http://www.vogue.es/moda/tendencias/joyas/articulos/video-documental-sobre-la-primera-coleccion-de-alta-joyeria-de-gabrielle-chanel/17408
- Haedrich, Marcel. 2008. *Coco Chanel. Coco par Chanel*. París: Gutenberg.
- Inside Chanel, "Cronología. 1971", 2017. Consultado el 3 de marzo de 2017. http://inside.chanel.com/es/timeline/1971_may-my-legend-prosper
- Valdés, Violeta. 2016. "80 grandes frases de Coco Chanel para triunfar en la vida". *Vanity Fair*. 19 de agosto. Consultado el 3 de marzo de 2017. http://www.revistavanityfair.es/celebrities/articulos/coco-chanel-grandes-frases-inspiradoras-mujer/22753
- Vilmorin, Louise. 2001. *Mémoire de Coco*. París: J'ai lu.

- Weissman, Elisabeth. 2013. *Coco Chanel*. París: Libretto.

FUENTES ICONOGRÁFICAS

- Retrato de Coco Chanel por Boris Lipnitzki. La imagen reproducida está libre de derechos.
- Retrato de Elsa Schiaparelli por Cecil Beaton, 1928. La imagen reproducida está libre de derechos.
- Retrato de Coco Chanel en las Tullerías por Willy Rizzo, 1957. La imagen reproducida está libre de derechos.
- Foto tomada en las trincheras alemanas, en el frente del Aisne. La imagen reproducida está libre de derechos.
- Joséphine Baker baila charlestón en el Folies-Bergère en 1926. La imagen reproducida está libre de derechos.
- Foto de la explosión nuclear sobre Nagasaki. La imagen reproducida está libre de derechos.

- La abadía de Aubazine. La imagen reproducida está libre de derechos.
- Coco y el gran duque de Rusia. La imagen reproducida está libre de derechos.
- Botella del perfume Chanel N.º 5. La imagen reproducida está libre de derechos.
- Coco Chanel con marinera y pantalón con cinturón, 1928. La imagen reproducida está libre de derechos.
- Helen Bennett (actriz estadounidense, 1911-2001) con una boina Schiaparelli, 1937. La imagen reproducida está libre de derechos.
- La modelo francesa Marie-Hélène Arnaud (1934-1986) con un traje chaqueta Chanel en 1957. La imagen reproducida está libre de derechos.

PELÍCULAS Y DOCUMENTALES

- *Inside Chanel*. Cortometrajes dirigidos por la casa Chanel. Francia.

- *Coco Chanel.* Telefilme dirigido por Christian Duguay, con Shirley MacLaine y Barbora Bobuloba. Reino Unido, Italia y Francia: 2008.
- *Coco, de la rebeldía a la leyenda de Chanel.* Dirigido por Anne Fontaine, con Audrey Tautou, Benoit Poelvoorde y Alessandro Nivola. Francia: 2009.
- *Coco Chanel & Igor Stravinsky.* Dirigido por Jan Kounen, con Anna Mouglalis y Mads Mikkelsen. Francia: 2009.

LITERATURA

- Greenhalgh, Chris. 2002. *Coco and Igor.*
- Karbo, Karen. 2009. *El Evangelio según Coco Chanel: lecciones de vida de la mujer más elegante del mundo.*

EDIFICIOS CONMEMORATIVOS

- La tumba de Chanel, en el cementerio de Bois-de-Vaux, Lausana.

- El apartamento de Chanel, en el número 31 de la calle Cambon, París.

en50MINUTOS.es
Historia
Economía y empresa
Coaching
Book Review
Salud y bienestar
EL DIAGRAMA DE ISHIKAWA
Material
Método
Máquina
Madre Naturaleza
Medida
Hombres
LA GUERRA DE PALESTINA DE 1948
DOMINA EL ARTE DEL NETWORKING
¡APRENDER NUNCA ANTES FUE TAN RÁPIDO!
www.en50minutos.es

www.en50Minutos.es

ISBN ebook: 9782806298713

ISBN papel: 9782512007470

Depósito legal: D/2017/12603/110

Cubierta: © Primento

Libro realizado por Primento, el socio digital de los editores